Mosaik

Peggy Vance/Celia Goodrick-Clarke

Mosaik

Ideen und Anleitungen für kleine und große Objekte, für innen und außen

Mit Aufnahmen von Clay Perry

Callwey

Mit Dank an meinen Mann
Dharminder Singh Kang
Peggy Vance

Die Originalausgabe erschien unter dem Titel
»The Mosaic Book – Ideas, Projects and Techniques« 1994
bei Conran Octopus Ltd., London
Übersetzung aus dem Englischen von Frank-Michael Kiesgen, München

Lektorat Jo Mead und Louise Simpson
Grafik Alison Fenton
Herstellung Ian Muggeridge
Herstellungsassistenz Alison Barclay
Fotografie Clay Perry
Farbige Zeichnungen Alison Barrett
Zeichnung der Motive King & King
Bildbeschaffung Abigail Ahern
Lektoratsassistenz Tessa Clayton
Herstellungsleitung Mano Mylvaganam
Motivrecherche und Layout Louise Hillier

Satz Fotosatz Buck, Kumhausen
Umschlaggestaltung Bernd Wegener, Remshalden, unter Verwendung der Abbildung von Seite 82/83
Printed in Hong Kong 1995

Die Deutsche Bibliothek – CIP Einheitsaufnahme
Mosaik : Ideen und Anleitungen für kleine und große Objekte, für innen und außen / Peggy Vance ; Celia Goodrick-Clarke.
Mit Aufnahmen von Clay Perry. [Übers. aus dem Engl. von Frank-Michael Kiesgen]. – München : Callwey 1995
Einheitssacht.: The mosaic book <dt.>
ISBN 3-7667-1170-9
NE: Vance, Peggy; Perry, Clay; Kiesgen, Frank-Michael [Übers.]; EST

Inhalt

Vorwort

Durch meine Tätigkeit als Journalistin auf dem Gebiet der Inneneinrichtung hatte ich das Glück, in den vergangenen zwölf Jahren Hunderte von bezaubernden Wohnungen auf der ganzen Welt besichtigen zu können, von denen bemerkenswert viele sich mit einem Mosaik hervortaten, sei es in der Weise einer verschönernden Zutat oder gar eines mit Stolz zur Schau gestellten Kunstwerkes. Hat man dieses Medium erst einmal bewußt zur Kenntnis genommen, so erfährt man es allenthalben als vertrauten Anblick: auf dem Boden von Schwimmbädern, an den Wänden der U-Bahn-Stationen, funkelnd hinter einer Restaurantbar oder als dezentes Farbspiel auf dem Fußboden eines nüchternen Bankgebäudes. In Cornwall habe ich sogar ganze Dörfer gesehen, die mit Kieselsteinen, Muscheln sowie glänzenden Kachel- und Glassplittern ausgeschmückt waren.

Nun handelt es sich beim Mosaik jedoch nicht um einen bloßen Designerartikel ganz im Stil des 20. Jahrhunderts, sondern um die älteste, dauerhafteste und zweckmäßigste Kunstform, deren Farben nie verblassen, und um Materialien, die der Sonne, dem Regen und dem Frost widerstehen und unter einer Bodenschicht vergraben sogar Jahrhunderte überdauern. Carlo Bertelli schreibt in seinem berühmten Buch »Mosaiken«: »Die Mosaikkunst zieht sich durch die Geschichte gleich einem mächtigen Fluß durch einen Trockengürtel – bald verschwindend, bald wieder auftauchend.« Die Farben der frühen Mosaiken waren die des Natursteines: zarte Grüntöne, Blau, Ocker, Weiß, Terrakotta und Schwarz; nach und nach kamen die Schlaglichter von Glas hinzu. Die byzantinischen Meister, die ein blendendes Farbkaleidoskop aus Glasmaterial einführten, fanden heraus, daß durch verkantetes Einsetzen der Glaswürfelchen (Smalten) sich ein Spiegel des Lichtes auf den Oberflächenstrukturen schaffen ließ. Auch glaubten die Alten, daß aufscheinenden Lichtern und glasierten Tonscherben ein »Geistesblitz« innewohne. Deshalb wirken Mosaiken im Freien so reizvoll, wenn sie bei Regen aus dem Blattwerk hervorschimmern.

Grundsätzlich ist die Erstellung eines Mosaiks leicht zu schaffen: jeder, der in der Lage ist, eine Wand zu fliesen oder eine Collage aufzukleben, kann das. Sorgfältiges Planen und Entwerfen sowie eine gewissenhafte Ausführung verbürgen fachgerechte Ergebnisse. Eines sollte sich jeder Anfänger merken: der einfache Entwurf ist der beste.

Ein völliger Neuling beginnt vielleicht mit etwas Regelmäßigem oder Flachem wie zum Beispiel einer

Spiegeleinfassung (s. S. 42–43) oder mit etwas, das nicht zuviel Zeit in Anspruch nimmt, wie etwa kleine Schmuckstücke (s. S. 52–55).

Unsere Beispiele sollen Ihnen als Inspirationsquelle dienen, Sie zu spielerischem Denken herausfordern und Ihr Verständnis wie Ihre Wertschätzung für diese aufregende Kunstform wachsen lassen.

Celia Goodrick-Clarke

Einführung: Ein ruhmreiches Vermächtnis

Im tiefsten Inneren sind wir vielleicht alle Mosaizisten; wer kann denn schon der Versuchung widerstehen, Kästchen oder Nullen auszumalen, das letzte fehlende Puzzleteil endlich einzusetzen oder aus losen Knöpfen und Süßigkeiten Muster zu legen?

Die alte Kunst des Mosaiks leitet sich aus eben diesem elementaren Bedürfnis nach Ordnung und Ausschmückung her. Vor 5000 Jahren fertigten die Sumerer Wandmuster, indem sie farbige Tonkegel in die Lehmwände drückten, und im 3. Jahrhundert v. Chr. schufen die Griechen atemberaubend dekorative Mosaiken aus unbehauenen Kieselsteinen in den unterschiedlichsten Farben. Seit frühen Zeiten verwendete man »Stückchen« aus Stein, Keramik, Glas, Muscheln und vielen anderen ausgefallenen Materialien, um daraus Mosaiken für öffentliche wie private Gebäude, Plätze und Zwecke zu schaffen. Das Spektrum der Anwendungsmöglichkeiten ist gewaltig, etwa in der Inneneinrichtung, in Außenanlagen, an Möbeln, bei Schmuck sowie einer riesigen Anzahl dekorativer Gegenstände.

Die Dauerhaftigkeit der verwendeten Materialien ließ viele Mosaiken in gutem Zustand erhalten bleiben, darunter außerordentliche römische Werke. Angeregt durch die hellenistischen Vorlagen schöpften die Römer die funktionellen und dekorativen Möglichkeiten dieses Mediums voll aus und bedienten sich seiner für widerstandsfähige Bodenbeläge ebenso wie für komplizierte Wandverzierungen. Im gesamten Einflußbereich des damaligen Römischen Reiches wurden Mosaiken mit einer enormen Breite an Gattungen und Stilen gefunden – von traditionellen Götterdarstellungen bis zu genau beobachteten Szenen des täglichen Lebens; von schlichten, einfarbigen Schattenriß-Figuren bis zu ins einzelne gehenden Tierstudien und einem unerschöpflichen Repertoire von abstrakten Umrandungs- und Füllmustern.

Römische, barbarische und östliche Einflüsse leisteten in der Herrschaftszeit des Kaisers Justinian (518–527 n. Chr.) ihren Beitrag zur Voll-

Das den Triumph des Neptun darstellende Mosaikfeld (links) aus der ersten Hälfte des 3. Jahrhunderts n. Chr. zeigt das hohe Niveau des spätrömischen Mosaiks in der Feinheit seiner Steinchen, seiner genauen Zeichnung von anatomischen und anderen Einzelheiten sowie im kühnen Schwung seiner Komposition.

Die Beliebtheit der Bodenmosaiken im gesamten Römischen Reich läßt sich einerseits auf technische Fortschritte zurückführen, die eine schnelle Herstellung ermöglichten, andererseits auf die Tatsache, daß die Römer riesige Mengen von Marmor brachen, wo immer sie ihn fanden. Das marokkanische Bodenmosaik (unten) entspricht der Tradition der »emblemata« – äußerst kunstvoll gearbeiteter

Felder innerhalb einer dicht mit abstrakten Mustern besetzten Umrandung.

Das Presbyterium von San Vitale in Ravenna enthält zwei herausragende, Kaiser Justinian und Kaiserin Theodora darstellende Wandbilder. In ersterem (rechts) dienen Glassmalten, Edel- und Halbedelsteine dazu, den Glanz des mit Robe und Krone angetanen Kaisers und seines Gefolges zu vermitteln.

endung des byzantinischen Stiles. Christliche Bildkonventionen verfestigten sich mit einer Figurenhierarchie, die sich als Reaktion auf die Förderung von seiten des Patronats herausbildete. Für die Ausschmückung christlicher Kirchen wurde das Mosaik bald zu einem wesentlichen Medium; es stellt eine natürliche Erweiterung der byzantinischen Praxis, Mauern mit Marmor zu verkleiden, dar.

Die Mosaiken der San Vitale-Kirche in Ravenna, der letzten kaiserlichen Hauptstadt Italiens, veranschaulichen auf vollendete Weise die Fertigkeiten dieser Epoche: der freie Umgang mit kräftigen Farben (einschließlich der Verwendung von Goldsmalten); das Zusammenführen unterschiedlicher Materialien sowie die Schaffung einer leicht unebenen Oberfläche, die sich die Reflexion des Lichtes zunutze macht.

Die Mode des die Malerei nachahmenden Mosaiks erreichte einen Höhepunkt im 18. Jahrhundert, als große Mosaiktafeln ausgeführt wurden, die sich ähnlicher Kompositionen und einer riesigen »Palette« von Farbschattierungen bedienten (links).

Art Nouveau und insbesondere dessen katalanischer Ableger, der »modernismo«, führten zu vielen, überschwenglich mit abstrakten und stilisierten Mustern verzierten öffentlichen Gebäuden (unten).

Zu Antonio Gaudís unverwechselbarer Architektur gehört ganz wesentlich das Mosaik als ein Mittel, der Form auf dynamische und ausdrucksvolle Weise Farbe zu geben (rechts).

Der byzantinische Stil im Ravenna des 5. und 6. Jahrhunderts sollte in Venedig fortgeführt und weiterentwickelt werden, um schließlich seine endgültige Ausprägung zwischen dem 13. und 15. Jahrhundert in Konstantinopel, dem Zentrum der orthodoxen Christenheit, zu erfahren.

Zu Beginn der Renaissance erlebte die Mosaikkunst einen Niedergang; aber bereits um die Mitte des 15. Jahrhunderts wurde in Murano wieder Mosaikglas in großen Mengen hergestellt, und neue Werke entstanden unter dem Einfluß zeitgenössischer Entwicklungen in der Malerei.

Ein fesselndes Wechselspiel entspann sich zwischen Malerei und Mosaik, wobei jedes Medium das andere nachahmte und illusionistische Wirkungen hervorzurufen trachtete. Tafeln und Buchdeckel wurden mit so feinen Mosaiksteinchen gearbeitet, daß sich eine scheinbar glatte Oberflächenstruktur ergab; Kircheninnenräume wurden häufig in der Art einer Goldmosaik-Nachahmung ausgemalt.

Im späten 16. Jahrhundert indessen nahm das Renaissance-Mosaik in den gewaltigen Arbeiten für die Peterskirche in Rom seinen Ausgang. Diese Kompositionen waren in einem solchen Maße von malerischer Eigenart erfüllt, daß auf sie Ghirlandaios Ausspruch (wie Vasari berichtet) zutrifft, daß Mosaik »la vera pittura per l'eternità«, die wahre Malerei für die Ewigkeit sei.

Rom war im 18. Jahrhundert ein bedeutendes Mosaikzentrum, und innerhalb des Vatikans hatte man ein Atelier mit dem Ziel eingerichtet, noch mehr monumentale Werke für St. Peter zu schaffen. Zur selben Zeit, da diese riesigen Tafeln ausgeführt wurden, gab es in Rom jedoch auch eine Mode des Miniaturmosaiks, das aus Steinchen gefertigt wurde, die für das bloße Auge kaum mehr erkennbar waren.

Der eklektische Historismus des 19. Jahrhunderts betrieb eine Neubelebung allen Kunsthandwerks, auch des Mosaiks, das nun wieder zunehmend ausgeübt wurde. Schulen wuchsen aus dem Boden, die sich den großen öffentlichen Aufträgen (z.B. der St. Paul Kathedrale in London und der Pariser Oper) verschrieben. Besonders erfolgreich war die Werkstatt von Antonio Salviati in Murano, die gute Nachbildungen historischer Mosaiken herstellte und in die ganze Welt ausführte.

Um die Jahrhundertwende jedoch brachte die aufkommende Art Nouveau-Bewegung bloße Musterung sowie abstrakte und stilisierte Formen ins Mosaik ein und führte damit zu einer Lockerung der Bande, die dieses an eine auf Nachahmung beruhende, gegenständliche Sprache gefesselt hatte. Verhältnismäßig gewöhnliche Bauten in größeren Städten, zumal in Paris, Barcelona und Prag, wurden geradezu vom Mosaik-»Ausschlag« befallen, wobei sich im besonderen Barcelona durch die eigenartigen, überschwenglichen Schöpfungen des Architekten Antonio Gaudí hervortat. Sein Einfluß sollte den Weg zu völliger Ausdrucksfreiheit im Mosaik ebnen und ermunterte Künstler wie Klimt, Chagall und Kokoschka zu Entwürfen für dieses dauerhafteste aller Medien.

Werkzeuge und Materialien

Mosaiksteinchen

Aus ihnen setzt sich das Mosaik zusammen. Es ist ratsam, zu Beginn eines jeden Mosaikvorhabens soviele Steinchen einzuplanen und bereitzulegen, wie zur Vollendung erforderlich sind. Im folgenden werden die gebräuchlichsten Typen aufgeführt; es kann aber noch eine Menge anderer Gegenstände und Materialien hinzukommen wie zum Beispiel Halbedelsteine, Muscheln, Knöpfe, Similisteine und Perlen.

Smalten: Diese rechteckigen, undurchsichtigen Glasstücke – normalerweise 10 x 15 x 7 mm groß – werden von Hand in Italien hergestellt und sind in einem breiten Farbspektrum erhältlich; ihre unebene Oberfläche reflektiert das Licht in einem hohen Maße. Sie werden pfundweise unabhängig von ihrer Farbe in allen Preislagen angeboten. In Gold und Silber (glatt oder »geriffelt«) sind sie allerdings teurer. Feingehämmertes Edelmetall liegt hier zwischen einer dicken Schicht aus meist farbigem und einer dünneren aus farblosem Glas. Welche Fläche nach oben zu liegen kommen soll, hängt von der erwünschten Wirkung ab. Die Größen sind unterschiedlich.

Industriemosaik: Diese opaken Glasplättchen – 20 x 20 x 4 mm groß – weisen eine glatte Vorder- sowie eine leicht geriefte Rückseite auf, um besser zu haften. Ihre Farbskala ist erheblich kleiner als die der Smalten, jedoch sind sie kräftig, wie die Smalten wetterbeständig und leicht mit der Zange zu brechen (s. S. 17). Industriemosaik kann man lose in den einzelnen Farben kaufen oder auf Papier geklebt; damit ist es ideal für das negative Einsetzen (die indirekte Setzmethode) geeignet (s. S. 18–19).

Marmor: Obgleich etwas schwerer zu schneiden (s. S. 13), bietet Marmor ein phantastisches, natürliches Spektrum von Farben und Mustern. Er kann poliert oder matt gelassen werden; dann sollte man ihn aber imprägnieren.

Steine und Kiesel: Harten Steinen ist der Vorzug zu geben, wie etwa Feuer-, Quarz- und Granitsteinen. Steine und Kiesel sollten tief in ein Zementbett gesetzt werden.

Mosaiksteinchen aus Keramik: Hierzu gehören sowohl schlichte weiße Haushaltskacheln, die man bemalen und brennen kann, wie auch kleine Tonfliesen und Bruchgeschirr. Ihre Vielfalt ist zwar endlos, das Material im allgemeinen auch leicht zu schneiden, jedoch kann Keramik anfällig für Frost sein.

Werkzeuge zum Brechen und Klebstoffe zum Befestigen von Mosaiksteinchen sowie eine Sicherheitsausrüstung (oben). Im Uhrzeigersinn von oben: Skalpell; Cuttermesser; schmale Kelle; Glasschneider; einfache Kombizange; Flachzange; Brechzange mit Sprungfeder; Hammer; Staubmaske; Schutzbrille; Schere; Packpapier; Fliesenkleber auf Zementbasis; Gummiarabikum; PVA-Klebstoff; Gummispatel.

Das älteste und wirkungsvollste Werkzeug zum Schlagen von Smalten, Marmor und Stein – ein Hammer mit »Dorn« (Umschlageisen) – kann nur vom Fachhändler bezogen werden (s. S. 126–128). Um eine feste und sichere Schlagkante zu erhalten, wird der Dorn im allgemeinen in einen abgesägten Holzklotz eingelassen. Endstücke aus Wolframcarbid erhöhen die Haltbarkeit des Eisens wie die des auffällig geformten Hammers.

Unten: Zum Brechen eines Mosaiksteinchens halten Sie dieses zwischen Daumen und Zeigefinger der einen Hand, und zwar mit der Längsseite über die Kante des Dorns. Halten Sie den Hammer in der Rechten (resp. Linken) so, daß Sie dem Mosaikmaterial direkt über der Kante des Eisens einen leichten Schlag versetzen können. Zum exakten Zerkleinern ist einige Übung erforderlich.

Werkzeug zum Zerkleinern

Zusätzlich zur Grundausstattung erweisen verschiedene Zangen, ein Glasschneider und ein Hammer dem Mosaizisten gute Dienste.

Mosaikzange: Eine Art Kneif- oder Brechzange; sie ist ideal, um Industriemosaik und Keramik in etwa die richtige Form zu bringen (s. S. 17). Bei längerem Gebrauch strengt eine Zange mit Sprungfeder weniger an.

Hammer und Block mit »Dorn«: Ein herkömmliches, Hammer und Amboß umfassendes Werkzeug (s. Text zur Abbildung oben), das hauptsächlich zum Brechen von Mosaikglas und Marmor verwendet wird. Im Idealfall sind beider Spitzen aus Wolfram, das ihnen besondere Festigkeit verleiht; der Hammer sollte im richtigen Verhältnis zur Größe des »Dorns« (Umschlageisen) stehen.

Träger und Unterlagen

Bei richtiger Vorbereitung eignen sich die meisten Oberflächen zur Aufnahme eines Mosaiks. Metall sollte aufgerauht werden oder einen Überzug erhalten, um Halt zu geben, Holz ist zu versiegeln. Eine mittelstarke MDF- oder Sperrholzplatte von ungefähr 12,5 mm Dicke ist wegen ihrer Stabilität und Haltbarkeit und weil sie sich nicht verzieht, als Trägermaterial beliebt.

Klebstoffe

Die verwendeten Klebstoffe sollten sowohl für die Mosaiksteinchen als auch für das Trägermaterial geeignet sein. Es kleben PVA (Polyvinylacetat): Glas und Keramik auf Holz; Fliesenkleber für den Innenbereich: Keramik auf Holz und Kunststoffen; wasserbeständiger Zement-Fliesenkleber: Keramik auf Beton bei Außenanlagen; Dichtungsmasse aus Silikon: Keramik auf Glas; Epoxydharz: Glas und Keramik auf Metall; Marmorkitt: Marmor auf fast allen Oberflächen. Für eine provisorische Haftverbindung von Mosaiksteinchen und Papier schließlich nehme man Gummiarabikum oder Tapetenkleister (s. S. 18–19).

Zement- und Fugenmörtel

Mit Hilfe von Zementmörtel lassen sich Mosaiksteinchen auf einer Unterlage befestigen; ein Zementbett kann aber auch selbst als solche dienen (s. S. 18–19). Angemacht mit Wasser und Sand, bildet Zement ein solides, billiges und starkes Trägermaterial. Diesen kann man auf Wände aufbringen (s. S. 98–99) oder in Plattenform fest werden lassen (s. S. 90–93). Er eignet sich ebenso für Außenanlagen, sofern man ihn langsam und vor Frost geschützt austrocknen läßt. (Zementadditive wie Imprägnier- und Frostschutzmittel vermögen seine Haltbarkeit zu erhöhen.)

Mit Fugenmörtel werden die Abstände zwischen den Mosaiksteinchen ausgefüllt (s. S. 17). Viele Mosaizisten halten Arbeiten ohne eine solche Behandlung für ausdrucksvoller, jedoch schafft sie eine stärkere Verbindung mit der Unterlage sowie eine praktische, geschlossene Oberfläche. Je nach Vorhaben eignen sich unterschiedliche Fugenmörtel; alle aber lassen sich mit Wassertempera- oder Acrylfarbe kolorieren, die der trockenen Mischung beigegeben wird. Ein Zuviel an Mörtel wird, sobald er zu trocknen beginnt, mit Hilfe von Wasser und eines Schwammes entfernt.

Sicherheitshinweis

Beim Schlagen von Mosaiksteinchen sollte eine Schutzbrille getragen werden und zusätzlich eine Schutzmaske beim Sägen von Faserplatten und dem Gebrauch von Lösungsmitteln. Zur Benützung von Gummihandschuhen wird beim Umgang mit Zement und Säuren geraten.

Zu Seite 14: Mosaiksteinchen. In der Mitte Smalten, darüber Scherben von Keramikkacheln. Im Uhrzeigersinn von oben: Spiegelglas; Similisteine, gemugelt und facettiert; Kiesel; Industriemosaik; Silber- und Goldsmalten; Similisteine auf Metallunterlage sowie kleine Glasperlen.

Oben: Werkzeuge zum Arbeiten mit Fliesenzement und Fugenmörtel. Im Uhrzeigersinn von oben: Schwamm; Zahnspachtel; Pinsel; Stemmeisen; Nagelbürste; Gummihandschuhe; Farbpigmente; Sand; Zementmischung; Kelle; Fugengummi; fusselfreies Tuch.

Die direkte Methode: ein Schachbrett

1

Diese (positive) Methode ist eine sehr elementare und geeignete Technik des Mosaiklegens. Die Mosaiksteinchen werden mit der Vorderseite nach oben auf einen vorbereiteten Untergrund geklebt – und ob nun Smalten, Industriemosaik, Marmor oder Keramik auf Holz, Metall, Stein oder Netzgewebe verarbeitet werden, die Vorgehensweise ist im wesentlichen immer die gleiche. Sehr vorteilhaft kann sich eine leichte Unregelmäßigkeit in der gestalteten Oberfläche ausnehmen, zumal wenn Smalten oder andere lichtreflektierende Mosaiksteinchen oder unkonventionelle Teile – wie Henkel von zerbrochenem Geschirr – verwendet werden; bei vielen dieser Arbeiten wird deshalb auf die Verwendung von Fugenmörtel verzichtet. Diese Methode läßt sich ebensogut für kleine Formate – hier am Beispiel von Martin Cheeks stilvollem Schachbrett vorgeführt – wie für größere Aufträge in öffentlichen Räumen anwenden.

Am besten ist diese direkte (positive) Methode dann geeignet, wenn man das Mosaik während der Arbeit von der richtigen Seite vor Augen haben muß oder wenn das zu bearbeitende Objekt dreidimensional ist, so daß das Mosaik es wie eine »Haut« umhüllt.

2

Materialien
- *64 Stück Keramikfliesenteilchen (portugiesische Cinca), ca. 2,3 cm Kantenlänge*
- *Geäderte Industriemosaiksteinchen*
- *Mittelstarke MDF- oder Sperrholzplatte von ungefähr 26 x 26 cm*
- *PVA-Kleber*
- *Rahmenleiste in L-Form*
- *Kleine Nägel*
- *Holzkitt*
- *Holzbeize (fakultativ)*
- *Trockener Fugenmörtel*
- *Abtönfarbe (wasserlöslich)*
- *Flüssiger Bodenreiniger*

Werkzeuge
- *Mosaikzange*
- *Bandsäge*
- *Säge*
- *Sandpapier*
- *Bleistift*
- *Lineal*
- *Mischbrett*
- *Krug*
- *Kelle*
- *Fugengummi*
- *Fusselfreies Tuch*
- *Gummihandschuhe*
- *Zahnstocher*

1 Vierteln Sie zwei Glasmosaiksteinchen mit Hilfe einer Mosaikzange (siehe Schritt 3). Legen Sie eine Reihe von acht Keramikfliesen mit je drei Glasvierteln an jedem Ende aus. Sehen Sie schmale Lücken zwischen den Teilchen für den Fugenmörtel vor.

Messen Sie die Reihe aus Fliesen und Steinchen aus und sägen Sie die MDF- oder Sperrholzplatte mit Hilfe der Bandsäge in ein Quadrat von derselben Kantenlänge. Grundieren Sie das Brett auf beiden Seiten mit einem Bindemittel aus 50% PVA und 50% Wasser und lassen Sie es eine Stunde ruhen.

Rauhen Sie wie im Bild gezeigt die Brettoberfläche mittels einer Säge auf. Schneiden Sie vier Rahmenleisten zurecht, die Sie an den

3

5

4

6

Enden auf Gehrung sägen. Kleben Sie diese ans Brett und befestigen Sie sie mit zwei kleinen Nägeln an jeder Seite. Unebenheiten werden mit Holzkitt ausgeglichen, die Ecken mit Sandpapier geschliffen, und wenn Sie wollen, können Sie den Rahmen noch beizen.

2 Zeichnen Sie als Hilfslinien ein Kreuz sowie Diagonalen auf das Brett. Bestreichen Sie die Rückseiten der Keramikfliesen mit PVC-Klebstoff und richten Sie diese beim Aufkleben nach den Diagonalen aus (schmale Lücken für Fugenmörtel lassen). Beginnen Sie in der Mitte und lassen Sie das Muster nach außen »wachsen«.

3 Sobald die Schachbrettfläche vollständig ist, vierteln Sie die restlichen Industriemosaiksteinchen mit Hilfe der Mosaikzange. Ihre Handhabung erfordert ein wenig Übung – halten Sie die Zange fest zwischen Daumen und Zeigefinger einer Hand und setzen Sie die »Zähne« der Zange senkrecht auf das Steinchen. Wenn Sie sie jetzt zusammenkneifen, sollte das Steinchen sauber in zwei Rechtecke auseinanderbrechen. (Falls Sie zwei Dreiecke erhalten wollen, so setzen Sie die Zange diagonal in der Ecke des Quadrates an.)

4 Kleben Sie nun die äußerste Rahmen-Reihe Glassteinchen mit der gerieften Seite nach unten auf und lassen Sie die Äderung jeweils in eine andere Richtung weisen, was eine interessante Struktur ergibt. Nach Vollendung des äußeren Ringes füllen Sie den verbleibenden Raum gleichmäßig durch Aufkleben von zwei weiteren Reihen. Lassen Sie alles mindestens eine Stunde trocknen.

5 Ziehen Sie Gummihandschuhe an und mischen Sie eine kleine Menge Fugenmörtel auf einem Brett, besser noch in einer Wanne, an. Machen Sie in der Mitte eine Vertiefung. Falls Sie den Mörtel färben wollen, so benutzen Sie dazu eine geringe Menge an Farbpigmenten (s. a. Abb. S. 15). Gießen Sie nach und nach kaltes Wasser zu, machen Sie mit der Kelle den Mörtel an, bis die Mischung eine formbare Konsistenz wie weiche Butter hat.

6 Verteilen Sie eine größere Menge Mörtel mit Hilfe des Fugengummis auf der Schachbrettoberfläche. Sorgen Sie für eine gleichmäßige Bedeckung und dafür, daß alle Fugen gut eingeschlämmt sind; entfernen Sie unverzüglich den Überschuß mit einem leicht feuchten Schwamm. Ein fusselfreies Tuch übernimmt die Endreinigung, wenn nur noch eine feine, trockene Zement-Staubschicht vorhanden ist. Auch der Rahmen sollte frei von Mörtelflecken sein. Lassen Sie die Arbeit 24 Stunden trocknen und polieren dann mit einem leicht mit flüssigem Fußbodenreiniger getränkten Lappen.

Die indirekte Methode: eine Bodenplatte

Diese (negative) Methode wurde in erster Linie entwickelt, um eine größere Arbeit unabhängig von ihrem späteren Standort ausführen zu können.

Wie bei der direkten Methode (s. S. 16–17) können die Materialien unterschiedlich sein; das Prinzip aber bleibt das gleiche, wie hier am Beispiel von Martin Cheeks Bodenplatte gezeigt wird: Mit der Vorderseite nach unten klebt man die Mosaiksteinchen unter Verwendung eines Bindemittels (Klebstoff auf Wasserbasis) auf einen provisorischen Träger. Sodann wird eine dauerhafte Unterlage bereitet (gewöhnlich Zement), in die man jetzt die Mosaiksteinchen setzt; der provisorische Träger wird schließlich abgezogen, und hierdurch wird erst die Mosaikvorderseite sichtbar. Das so entstandene Mosaik ist natürlich erheblich ebener als das nach der direkten Methode verfertigte. Es ist daher für Fußbodenbeläge, die vielleicht noch poliert werden, geradezu ideal. Diese Mosaiken werden ausnahmslos verfugt; sie werden dadurch glatter und haltbarer und sind leichter zu reinigen.

1

2

Materialien
- *Packpapier*
- *Braunes Papierklebeband*
- *MDF- oder Sperrholzplattenquadrat von 25,5 cm Kantenlänge*
- *Industriemosaiksteinchen in kontrastierenden Farbtönen*
- *Gummiarabikum oder Tapetenkleister*
- *Vaseline*
- *Feiner Sand*
- *Maschendraht*
- *Zement*
- *Trockener Fugenmörtel*

Werkzeuge
- *Bleistift und Faserschreiber*
- *Lineal*
- *Mosaikzange*
- *Säge*
- *Holzlatten, 5 x 2,5 cm, in Abschnitten*
- *Bohrer*
- *Schrauben, 3,25 cm lang*
- *Pinsel*
- *Gummihandschuhe*
- *Krug*
- *Blechschere*
- *Kelle*
- *Plastikabdeckung*
- *Fugengummi*
- *Fusselfreies Tuch*
- *Haushaltsbürste oder Topfkratzer ohne Metall*

1 Machen Sie ein 23 x 23 cm großes Packpapierquadrat naß, dann legen Sie es faltenfrei über ein MDF- oder Sperrholzbrett und befestigen es straff mit braunem Papierklebeband. Wenn das Papier getrocknet ist, zeichnen Sie mit dem Bleistift die 20,5 x 20,5 cm-Außenlinie der Bodenplatte auf und sodann Ihr Grundmuster ein, wobei Sie die verschiedenen Abschnitte durch eine eigene Farbe kennzeichnen.

2 Bereiten Sie mit Hilfe der Mosaikzange (s. S. 17) eine ordentliche Menge von Mosaiksteinvierteln vor; denken Sie daran, daß diese mit der gerieften Seite nach oben zu liegen kommen, damit in der fertigen Platte die glatte Seite nach oben zeigt. Kleben Sie mit Gummi-

3

5

4

6

arabikum oder Tapetenkleister einen Randstreifen dunkler Steinchen auf; dann arbeiten Sie Bereich für Bereich weiter, wobei Sie die Steinchenviertel mit der Zange »benagen«, bis sie sich als Dreiecke zu den diagonalen Linien fügen. Lassen Sie zwischen den Steinchen kleine Lücken für den Fugenmörtel. Durch Einarbeiten von noch dunkleren Steinchen in die dunklen Bereiche können Sie dem Ganzen zu Tiefe und zu einer interessanten Flimmerwirkung verhelfen. Achten Sie beim Auslegen des Musters auf eine ebene und geradlinige Verarbeitung der Mosaiksteinchen (s. S. 20–21).

3 Sägen Sie die Holzlatten bündig in kurze Abschnitte und legen diese rund um die Seiten des Mosaikbelags – mit einer Abstandsfuge von nur 2 mm. Verschrauben Sie die aneinanderstoßenden Latten sowie diese mit dem Bodenbrett. Streichen Sie auf die Innenseite des so entstandenen Rahmens Vaseline (als Sperrschicht), keinesfalls jedoch auf die Mosaiksteinchen. Streuen Sie feinen Sand in den Rahmen und verteilen ihn mit einem feinen Pinsel, so daß er alle Fugen ausfüllt.

4 Ziehen Sie Gummihandschuhe an und mischen drei Teile Sand mit einem Teil Zement; machen Sie in der Mitte eine Vertiefung und fügen Wasser hinzu, bis sich eine Konsistenz wie von feuchtem Schlamm ergibt.

5 Füllen Sie den Rahmen bis zur halben Höhe mit Zementmörtel. Schneiden Sie mit der Metallschere ein Quadrat aus Maschendraht zurecht, legen dieses in den Rahmen und füllen erneut Zementmörtel bis obenauf. Glätten Sie die Oberfläche mit einer Kelle. Decken Sie den Rahmen mit einer Folie ab und lassen das Ganze eine Woche trocknen.

6 Um die Platte aus der Form zu befreien, entfernen Sie alle Schrauben. Schlagen Sie leicht an die Latten, bis diese abfallen. Trennen Sie die Zementplatte vom Brett; das Trägerpapier sollte sich mit dem Brett lösen und die Mosaikoberfläche freigeben. Falls Mosaiksteinchen am Papier kleben bleiben, können Sie diese mit Hilfe von Fugenmörtel wieder befestigen. Entfernen Sie vorsichtig den Sand vom Mosaik, kleben Sie alle fehlenden Steinchen wieder ein und lassen Sie sie eine Stunde trocknen. Polieren Sie die Platte mit einem weichen Topfreiniger, nachdem Sie sie in gewohnter Weise verfugt haben (s. S. 17).

Mosaiksteinchen legen

Es versteht sich von selbst, daß die das Mosaik bildenden Steinchen in irgendeine Ordnung gebracht werden müssen – und sei es eine eher zufällige. Die spezifische Natur dieses Mediums macht ein Nachdenken nicht nur über die zu verwendenden Materialien, die Motive und Farben erforderlich, sondern ebenso über die Weise, in der die einzelnen Steinchen nebeneinanderzusetzen sind. Der Möglichkeiten sind unendlich viele, und wofür man sich entscheidet, hängt von der Form der Steinchen, ihrer Stärke und Größe sowie von einer ganzen Reihe ästhetisch bedeutsamer Faktoren ab – wie dicht etwa die Steinchen gesetzt werden sollen und die Beschaffenheit der Zwischenräume, ob sie eine Linie bilden sollen oder nicht, ob man sie in voneinander abgesetzten Reihen oder eher nach Art eines Puzzles anzuordnen habe.

Es gibt heute keine strengen Regeln für das Legen von Mosaiksteinchen, doch haben sich im Laufe der Jahrhunderte gewisse Verfahren herausgebildet, die einen verläßlichen Weg zu praktischen und/oder ausdrucksvollen Ergebnissen aufzeigen. Die Römer, die sich vorzüglich darauf verstanden, Naturstein in jede beliebige Form und Größe zu bringen, entwickelten einige klassische Verlegemuster, die sie mit Bezeichnungen wie »opus vermiculatum« und »opus tessellatum« erfaßten und mit großem künstlerischen Effekt systematisch anwandten. Das Hundemotiv (gegenüberliegende Seite, oben rechts) ist von einer Art »Lichthof« umgeben, der von einer Doppelreihe weißer, dem Umriß folgender Marmorsteinchen gebildet wird. Vermis ist das lateinische Wort für Wurm, und tatsächlich windet sich im »opus vermiculatum« die Einfassung wie ein Wurm um das Motiv und betont es auf diese Weise. Mehr als zwei oder drei solcher Reihen würden diesen Effekt jedoch zunichte machen, weshalb der größte Teil des Hintergrundes in diesem Beispiel von »opus tessellatum« ausgefüllt ist, einer geradlinigen Anordnung kleiner, würfelförmiger Steinchen. Sehr sorgsam hat der Schöp-

Die Tafel aus Martin Cheeks Kasperle-Folge (links) ist ein lustiges Beispiel für eine moderne Arbeit, in der Bewegung hauptsächlich durch den Schwung der Reihen und Linien vermittelt wird. Die für Kasperles Körper verwendeten Smalten verlaufen der Länge nach wie die Streifen auf seinem Kittel und sind – da nicht verfugt – zusätzlich hervorgehoben. Sanft werden diese Linien von denen des Hintergrundes aus Industriemosaik aufgenommen, als ein – wenn auch eher willkürlicher – Reflex auf Form und Bewegung der Figur.

Sehr viel verdankt das moderne Mosaik den beredten Bildern der byzantinischen Mosaizisten (s. S. 8–9), die es auf vorzügliche Weise verstanden, Form durch Kontur zu beschreiben. Der Kopf der Kaiserin Theodora von San Vitale in Ravenna (rechts) ist eine meisterhafte Darstellung vor allem wegen der Art und Weise, in der durch die unterschiedlichen Formen und die komplizierte Anordnung der Mosaiksteinchen Schnitt und Struktur des Gesichtes zum Ausdruck kommen.

Das berühmte römische, vor dem Hund warnende Schild (ganz rechts, oben) zeigt die Verbindung zweier römischer Standardtechniken, des opus vermiculatum *und des* opus tessellatum. *Doch die Römer gaben sich damit bei der Gestaltung der Hintergründe nicht zufrieden; sie erprobten ein weites Spektrum verschiedener Muster, zu denen auch die Fächer- bzw. Schuppenanordnung gehört (ganz rechts, unten).*

fer dieses Mosaiks die Stellen behandelt, an denen beide Verlegearten aufeinandertreffen, indem er kleinere, spitz zulaufende Marmorstückchen zum Füllen aller sich ergebenden Zwischenräume verwendete. Diese Lösung findet sich bei zahllosen römischen Mosaiken.

Byzantinische Mosaizisten gaben die Umrisse von Gesichtern und Gewändern vor, indem sie die Linien fast wie breite, geschwungene Pinselstriche setzten (siehe den Text zur Abbildung oben links).

Das moderne Mosaik sucht gemeinhin die kraft- und ausdrucksvolle Anlage. Obwohl dies auf vielfältigste Weise zu erreichen ist, neigen die Mosaikkünstler dazu, zunächst die am meisten betonten Linien auszulegen, um die körperliche und emotionale Struktur ihres Sujets vorzugeben. Erst danach kommen sie zu den Nebenfiguren des Entwurfes und schließlich zum Hintergrund.

Objekte

Tragbare Mosaikobjekte machen es möglich, sich an der Schönheit dieses Mediums zu erfreuen, ohne daß man an unverrückbare Architektur gebunden wäre. Mosaikteilchen lassen sich durch Kombination und Kontrast zu einem Leitmotiv aufbauen, das in den kleinsten Gegenständen – wie feinen Schachteln – anklingt und bei großen Möbelstücken voll zum Tragen kommt. Auch müssen solche Objekte nicht nur zweckmäßig sein; viele Künstler bildhauern mit Mosaik oder stellen unverwechselbaren Schmuck aus winzigen Steinchen her.

❖

Tischplatten bieten eine ausgezeichnete »Leinwand«, auf der die Phantasie sich austoben kann. Die Mosaiksteinchen sollten eine bündige Oberfläche darstellen, die aus praktischen Erwägungen mit Mörtel verfugt wird. Hinsichtlich der ins Auge gefaßten Farben und Formen gibt es keinerlei Beschränkungen, wie dieses kühne, abstrakte Modell aus zerbrochener Keramik hinreißend deutlich macht.

Dies und Das

Über Hunderte von Jahren wurden außer Wänden und Fußböden auch Gegenstände mit Mosaik verziert; man machte sich dabei den Vorteil einer bedeckenden Schicht zunutze, die das Schlichte, das Gewöhnliche und das Banale ins Stattliche, Prächtige und Erlesene zu verwandeln vermag. Es bedarf dazu keiner speziellen Gußformen oder unhandlichen Ausrüstung – vonnöten sind allein Geduld und Geschicklichkeit; für die Mosaikverzierung spricht mithin auch ihre technische Anspruchslosigkeit. Die Anwendungsmöglichkeiten sind so mannigfaltig wie die Gegenstände, auf die ein Mosaik aufgebracht werden kann; es hält gleich gut auf allen festen Trägermaterialien, deren gebräuchlichste Holz, Metall, Keramik sowie Kunststoff sind.

Sobald ein Massenartikel mit Mosaik versehen ist, wird er zum Unikat – eine höchst erfreuliche Verwandlung, die je nach Umfang der Arbeit innerhalb eines einzigen Tages herbeigeführt werden kann. So treten Gegenstände unversehens wie Skulpturen auf, deren Formen dadurch, daß sie als Mosaik daherkommen, nur noch beredter werden. Eine gewöhnliche Bratpfanne wird fast zu einem Stammeszeichen an der Wand (links), und eine Anrichte narrt den Betrachter mit ihrem Trompe-l'œil-Effekt (rechts) – zwei ganz unterschiedliche Umsetzungen, die beide eine witzige Neubestimmung des zugrundeliegenden vertrauten und nicht gerade aufregenden Gegenstandes leisten.

Es kann sich dabei um Gebrauchs- oder rein dekorative Gegenstände handeln, vom Möbel bis zur Skulptur, vom Schmuck bis zu Dingen, die ihre Verwendbarkeit gerade durch das Aufbringen des Mosaiks einbüßen. Der Reiz liegt in jedem Fall in der Bearbeitung selbst wie in der Schönheit und Eigenart des vollendeten Werkstücks.

Objekte wie in diesem Kapitel gezeigt eignen sich vorzüglich für Anfänger, weil Umfang und Komplexität eines jeden Vorhabens sich genau bestimmen lassen. Ein völliger Neuling sollte mit etwas Ebenmäßigem und Flachem – wie einer Spiegelumrandung (s. S. 42–43) – oder mit etwas schnell Anzufertigendem – wie kleinformatigem Schmuck (s. S. 52–55) –

Cleo Mussis rotschwänziger Affe mit grünem Backenbart (links) ist eine wunderbar schrullige Bearbeitung einer gewöhnlichen Bratpfanne. Er hat etwas von derselben amüsanten Ungeschlachtheit, wie sie auch Picassos surreale Neufassungen von Alltagsgegenständen aufweisen.

Während Cleo Mussis Bratpfanne (gegenüberliegende Seite) mit Absicht funktionsuntüchtig gemacht wurde, treibt die Anrichte (links) ein scherzhaftes Spiel mit ihrer eigenen Funktion. Zerschlagene Teller wurden sorgfältig wieder zusammengestückelt und auf den Regalen angeordnet; sie wirken wie eine Parodie auf die übliche Art der Präsentation. Diese Trompe-l'œil-Wirkung mit Mosaik stellt nur eine der Spielereien dar, die sich in diesem Medium ausführen lassen.

beginnen. Bei ersterem gibt es keine aus der Mosaikoberfläche herausragenden scharfen Kanten, und bei letzterem stellt es keine so gewaltige Investition dar für den Fall, daß dem ersten Versuch durchschlagender Erfolg versagt bleibt.

Für den erfahreneren Mosaikleger gibt es angemessene Herausforderungen, wie etwa ein Objekt gebrauchstüchtig zu erhalten, das wasserbeständig sein soll oder sonst irgendeiner besonderen Behandlung bedarf, um seiner vorgesehenen Funktion gerecht zu werden. Formen und angewandte Materialien werden an Vielfältigkeit zunehmen, und mit der Zeit entstehen nicht mehr schmale, rechteckige Schachteln mit schlichtem Motiv aus Industriemosaik, sondern vielmehr große, üppige, mit Mosaiksteinchen aus unterschiedlichsten Materialien verschönerte Skulpturen.

Vor allem aber erfährt der Mosaikleger reichliche Gelegenheit, seine Persönlichkeit zum Ausdruck zu bringen, indem er mit der Zusammenführung unterschiedlichster Ausdrucksmittel experimentiert, Objekte ganz nach eigenen Vorgaben und Einfällen entwirft und allzu vertraut gewordene Dinge neu bewertet und »aufmöbelt«.

Diese ihnen eigene Vielseitigkeit macht Mosaikobjekte auch gut verkäuflich, fügen sie sich doch im allgemeinen leicht in die meisten Inneneinrichtungen wie Außenanlagen ein. Ein Stuhl, eine Anrichte oder ein Spiegel passen sich viel bereitwilliger in die meisten Wohnungen ein als eine Mosaikbodenplatte oder -wandtafel, die bei der Raumausstattung im voraus mit eingeplant werden muß.

Rebecca Newnham verwendete Spiegelglas für diese verblüffenden Schuh-Skulpturen (oben), deren alleiniger Zweck es ist, als Objekte sinnlich faszinierend zu sein.

Im Falle von Heather Burrells funktionstüchtigem »Baroness Mosaik-Stuhl« (gegenüberliegende Seite) hingegen ist Mosaik nur ein Bestandteil, dessen farbsprühendes »Patchwork«-Muster von dem einfarbigen, in gewundenen Arabesken geschmiedeten Metall absticht.

Mosaikobjekte stellen außergewöhnliche, zugleich persönliche wie wohldurchdachte Geschenke dar, die ihren Empfängern weder Platz- noch grundlegende Umräumprobleme bereiten. Man kann auf ihnen sitzen, aus ihnen gießen, in sie hineinschauen, Dinge in ihnen lagern oder auf ihnen zur Schau stellen – und dabei handelt es sich um originale Kunstwerke. Der erfinderische Mosaikleger wird mit den visuellen Möglichkeiten spielen, die den Objekten selbst innewohnen und sich dabei von den Surrealisten anregen lassen: Ein Tisch kann zu einem vierbeinigen Tier werden, Ohrringe werden in Ohrform gestaltet, ein Spiegel erhält ein Gesicht.

Wir beziehen heute Anregungen aus Mosaik-Artefakten, die in angemessener Zahl glücklich die Jahrhunderte überdauert haben. Rituale Objekte wurden zu allen Zeiten mit Mosaik verziert; die berühmtesten Beispiele stammen von den Mayas und Azteken. Sie schmückten Gegenstände wie Schilde, Messer und Masken mit Türkisen und Jade und folgten damit einer langen Tradition der Mosaikkunst im präkolumbianischen Amerika; es ist sogar überliefert, daß der Aztekenherrscher Montezuma II. dem spanischen Eroberer Mexikos, Hernando Cortez, eine Anzahl von Mosaikmasken überreichte, denen man die Abwehr des Bösen zuschrieb.

TISCHE

Sucht man für ein Mosaikvorhaben ein mittelgroßes, ortsunabhängiges Objekt, das zudem besonders flexibel im Hinblick auf Stil und Umfang der ins Auge gefaßten Dekoration sein soll, so erweisen sich Tische als vorzüglich geeignet. Ein Tisch bietet sich als verlockende, leere »Leinwand« in Form einer flachen, ebenen Platte an. Es gibt zwar unterschiedliche Verfahrensweisen, die wesentliche Aufgabe besteht jedoch darin, eine glatte, praktische Oberfläche zu schaffen. Wie beim Beispiel links kann eine Mosaikauflage auch auf den Seitenflächen ansprechend wirken.

Die ungeheure Vielfalt von Tischtypen und -verwendungszwecken findet ihre Entsprechung in einer ebensolchen Variationsbreite hinsichtlich Form und Größe des Ausgangsobjektes; sofern das Mosaik nicht sehr sparsam aufgetragen werden soll, ist es aber wenig sinnvoll, in ein teures Stück zu investieren – lediglich solide und für Ihre Zwecke geeignet soll der Tisch sein. Es ist allerdings wichtig, daß man sich über diese Zwecke von Anbeginn im klaren ist, denn Funktion und Standort bestimmen die zum Einsatz gelangenden Materialien.

Für Tische im Freien sind Metallgestelle solchen aus Holz zweifelsohne vorzuziehen, da sie der Feuchtigkeit besser widerstehen; erforderlich ist jedoch eine Versiegelung des Metalls, die den Rostvorgang verzögert und den Klebstoff haften läßt. Bei extremen Temperaturen sollten verzierte Metalltische nicht im Freien gelassen werden, da das »Arbeiten« des Metalls Sprünge in der Mosaikverkleidung verursachen und schließlich zu deren Abbrechen führen kann; je dicker die Unterlage, desto weniger Probleme wird es hier geben. PVA-Kleber genügen für Außenanlagen nicht; wählen Sie deshalb einen starken Kleber auf Zementgrundlage (s. S. 14–15), der die Mosaiksteinchen an Me-

Der Reiz dieses kleinen Tischchens (links) liegt darin, daß nicht nur die gesamte Tischoberfläche von Mosaik »befallen« ist, sondern dieses sich auch noch über die Blumenvase hergemacht hat. So wird die Mosaikverkleidung zu einer surrealen Täuschung, die zwei gänzlich getrennte Gegenstände zu einem bizarren Twinset vereint. Diese neckische Behandlung paßt zum pseudovornehmen Stil des Tisches wie zur gedrungenen, biederen Vase; beide werden durch ihre neue Mosaikhaut zugleich parodiert wie erhöht. Geschirrbruchstücke wurden in einen dicken Mörtel gesetzt, so daß die Vase einem Stück aus Email-Cloisonné ähnelt.

Die Tischplatte im Schottenkaro (unten) von Emma Biggs bedient sich der Vorstellung eines zerknitterten karierten Stoffes zur Gestaltung eines bezaubernden, abstrakten Musters.

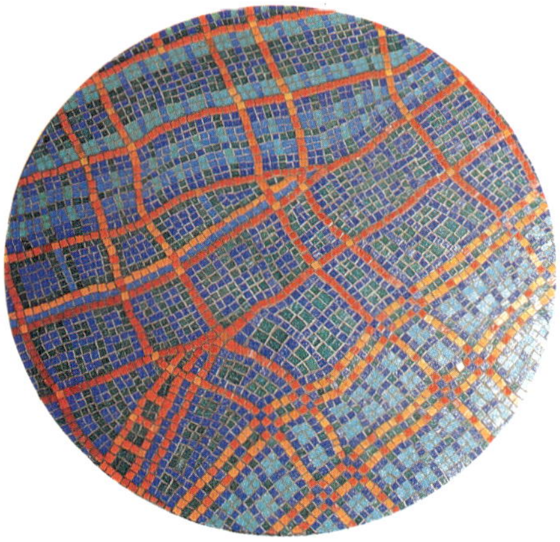

Schach- und Backgammonbrett sind in Zoë Candlins Spieltisch (rechts) vereint. Sie stellen den Dreh- und Angelpunkt des Entwurfes dar, geben aber auch eine praktische Nutzungsweise vor. Mit ihrem Spieltisch setzt Zoë eine lange Tradition fort (s. a. S. 32–37), weicht aber mit der Verwendung von Mosaik von den herkömmlicherweise benutzten Materialien ab.

tall bindet, sowie einen wasserbeständigen, für die Verwendung im Freien geeigneten Fugenmörtel. Dauerhaften Außenanlagen bietet Beton eine ausgezeichnete, formstabile Unterlage, an der Mosaiksteinchen bereitwillig haften (s. S. 108–111).

Runde oder ovale Tische stellen den Mosaizisten vor die Aufgabe, Kurven zu beschreiben, was am leichtesten gelingt, wenn unregelmäßig geformte Steinchen in der Art eines Puzzles verlegt werden. (Für Außenanlagen eignet sich ein solches Vorgehen jedoch nur dann, wenn die Keramik- oder Glasscherben gleich dick sind und bequem in einer Ebene liegen; falls nicht, drohen dem Tisch witterungsbedingte Beeinträchtigungen. Zumal Frost ist gefährlich: Feuchtigkeit gelangt zwischen die Steinchen oder – falls diese porös sind – in sie hinein; beim Gefrieren dehnt sie sich aus und läßt die Steinchen zerspringen.) Danach ist eine Behandlung des Belages mit reichlich Fugenmörtel erforderlich, der die Zwischenräume auffüllt und alle rauhen Kanten ausgleicht, an denen man mit der Kleidung hängenbleiben könnte.

Wenn Mosaik auf Tischen verarbeitet wird, die ihren Platz im Hausinneren haben, kann man auf eine weitaus größere Anzahl von Materialien und Verfahrensweisen zurückgreifen. PVA- oder Fliesenkleber befestigen Mosaiksteinchen hinlänglich auf Holz, das zudem wahrscheinlich – abgesehen von einer Versiegelung – keiner Behandlung bedarf, es läge denn fehlerhaftes oder bemaltes, gewachstes oder lackiertes Holz vor (solche Schichten müssen entfernt werden). Selbstverständlich ist die praktische Verwendbarkeit der fertigen Oberflächen nicht ohne Belang, doch strukturelle Effekte sowie knifflige Detailarbeiten sind so bei weitem höher einzuordnen. Die das Wesen der Mosaikdekoration bestimmenden Hauptkriterien sind also eher von ästhetischer als von pragmatischer Art.

Auf einem schweren, gescheuerten Holztisch zum Beispiel würden winzige, filigrane Glassteinchen zweifellos grotesk wirken; große, kräftige Keramikscherben wären sehr viel angemessener. Andererseits mag ein moderner schmiedeeiserner Tisch mit verschnörkelten Füßen nach einem Mosaik aus feinsten Steinchen geradezu verlangen, so daß sich der Effekt einer Marmoreinlegearbeit einstellt. Es ist möglich, Mosaik in einer Weise anzubringen, die auf interessante Art nicht im Einklang mit dem Tischtypus steht; ein solches Vorgehen kann aber auch zu teuren Fehlgriffen führen. Entscheidend ist daher, daß man vorausplant, sich Quellen visueller Anregung erschließt und Entwürfe, ja sogar maßstabsgerechte Zeichnungen anfertigt, die die endgültige Wirkung vorwegzunehmen helfen.

Dieser solide Gartentisch (links) eignet sich vorzüglich als Träger eines glatten Furniers aus zerschlagenen Keramikkacheln. Die bemerkenswerten Farbverbindungen entschädigen für den Mangel an Struktur, die der praktischen Verwendbarkeit zum Opfer gefallen ist.

Das Kaleidoskop aus Keramikscherben (oben) ist massiv in Fugenmörtel gelegt, wodurch die Oberfläche wasserundurchlässig versiegelt wurde und sich glatt anfühlt.

Wild gemusterte Tischplatte

Wechselnden Erfordernissen und Materialien ist nur flexibles Vorgehen angemessen. Das anhand dieser delikaten Tischplatte vorzuführende halb-indirekte Verfahren eignet sich besonders für Kacheln, die nur von einer Seite »gelesen« und daher nicht nach der indirekten Methode – mit der Vorderseite nach unten (s. S. 18–19) – gesetzt werden können. Zoë Candlin betrachtet ihre Arbeit als Keramikcollagen, die – noch während sie entstehen – oft neu abzustimmen sind. Deshalb scheidet auch die direkte Methode (s. S. 16–17) aus, die nicht gestattet, an einmal zugeschnittenen und verlegten Teilen Änderungen vorzunehmen. Mit der halb-indirekten Methode darf nur auf einer festen Oberfläche gearbeitet werden, damit einzelne verlegte Steinchen nicht aus ihrer Reihe gestoßen werden können.

Zoë verwendete gewöhnliche weiße Haushaltskacheln, die sie jedoch vielfarbig bemalte, brannte und so einzigartige Muster und Strukturen schuf. Wer keinen Zugang zu einem Brennofen hat, kann eine vergleichbare Wirkung mit einem Sortiment von ab Werk mit Mustern versehenen Kacheln erzielen. Endstücke kann man oft sehr billig erstehen; es lohnt sich also, nach ihnen zu fragen. Falls Sie jedoch eine gleichmäßige Oberfläche mit älteren, nicht genormten Kacheln abdecken wollen, so prüfen Sie, ob diese von gleicher Dicke sind; andernfalls ergeben sich lästige vorstehende Kanten, die nicht nur unpraktisch, sondern auch schwer zu reinigen sind.

Diese runde Tischplatte wurde auf ein Metallgestell der Nachbildung eines viktorianischen Gartentisches gesetzt. Solche Unterbauten können recht teuer sein, weshalb man klugerweise in Trödelläden nach etwas Passendem Ausschau hält. Falls Sie knapp bei Kasse sind, können Sie sich auch selbst einen Unterbau aus Holz anfertigen.

Die phantastische Tischplatte (vorhergehende Seiten) stellt sich als wunderbare Mischung aus Überschwang und Zurückhaltung dar. Die kühl-weiße Mitte hält die vielfarbige Einfassung optisch fest.

Materialien

- *Tischunterbau*
- *MDF- oder Sperrholzplatte, rund, 76 cm Durchmesser*
- *Weißes Papier*
- *Pauspapier*
- *Keramikkacheln*
- *Tapetenkleister*
- *Schnittmusterpapier*
- *Wasserundurchlässiger Kachelzement, mit Spachtel aufzutragen*
- *Biegsames Metall-Einfassungsband mit Nägeln zum Befestigen*

Werkzeuge

- *Bleistift*
- *Kachelschneider*
- *Mosaikzange*
- *Haushaltspinsel*
- *Skalpell*
- *Fusselfreies Tuch*
- *Nudelholz*
- *Schwamm*

1 Überlegen Sie gründlich, welche Art von Design zum Unterbau passen könnte und arbeiten Sie im voraus die Farben- und Musterskala aus, derer Sie sich bedienen wollen. Sobald Sie sich hierüber im klaren sind, zeichnen Sie den Entwurf entweder direkt auf die MDF- oder Sperrholzplatte oder aber zunächst auf Papier, um ihn dann auf die Platte durchzupausen. Zeichnen Sie keine Mosaiksteinchen ein; ein grobes Muster reicht als Anhaltspunkt aus, und wenn die Kacheln verlegt werden, sollte man noch über Improvisationsspielraum verfügen.

2

1

2 Entfernen Sie von jeder Kachel die abgerundeten Kanten, indem Sie mit dem Schneider an allen vier Seiten entlangritzen und sie dann abbrechen. Schneiden Sie das verbleibende Stück – wieder mit dem Kachelschneider – in vier oder fünf Streifen, die Sie entweder so belassen oder mit Hilfe der Mosaikzange in annähernd quadratische Form (s. S. 17) brechen. Selbstverständlich können Sie den Steinchen mit Hilfe von Kachelschneider und Zange jede beliebige Form geben; Zoë verwendete Dreiecke und große Quadrate ebenso wie Streifen und die üblicheren, rechteckigen Formen.

3

4

5

3 Legen Sie das Mosaik von innen nach außen, die weißen Steinchen in nur eine Richtung. Es ist ratsam, dort, wo die regelmäßigen Linien auf die innere Randkrümmung des Musters treffen, eine Reihe weißer oder farbiger, die Kurve beschreibender Steinchen zu verlegen und jene Stückchen am Ende der geraden Reihe dann sauber so zu beschneiden, daß sie alle unregelmäßigen Zwischenräume ausfüllen. Die äußere Randkrümmung erhält man durch leichtes Abschrägen der Steinchen mit Hilfe der Mosaikzange. Keines darf über den Rand der Tischplatte hinausreichen, weil dadurch das Anbringen eines Einfassungsbandes unmöglich würde. Schneiden Sie die Kacheln nicht alle im voraus, da Sie vermutlich im Verlauf des Arbeitens noch einige Teile neu aufeinander abstimmen wollen. Wenn die gesamte Brettfläche bedeckt ist und die letzten Korrekturen vorgenommen sind, schneiden Sie ein Stück kräftigen, jedoch dünnen Papieres (Layout-, Schnittmuster- oder Photokopierpapier sind ideal) zurecht und bestreichen eine Seite mit dick angemachtem Tapetenkleister. Heben Sie diesen genäßten Bogen hoch und legen ihn sehr behutsam mit der Klebeseite über die Mosaiksteinchen. Sollten sich Falten ergeben, so versuchen Sie nicht, das Papier wieder abzuheben, sondern streichen lediglich die Falten glatt und rollen zur Förderung der Klebewirkung ein Nudelholz darüber. Falls irgendwelche Partien nicht kleben, machen Sie dort ein winziges Loch ins Papier, durch das Sie ein wenig zusätzlichen Kleister geben; wenn das Papier nicht die ganze Fläche abdeckt, schneiden Sie ein weiteres, ausreichend großes Stück zurecht, das sich mit dem bereits liegenden überlappen soll. Schneiden Sie grob alles Zuviel an Papier weg und lassen Sie alles über Nacht trocknen.

4 Heben Sie das Papier – vorzugsweise mit Hilfe einer weiteren Person – und die anhaftenden Mosaiksteinchen vom Brett ab und legen das Ganze weiter auf eine andere ebene, saubere Fläche. Sollte das Papier dabei zu reißen drohen, so teilen Sie es mit einem Skalpell in unregelmäßige Abschnitte, die einzeln weggenommen und wie ein Puzzle wieder zusammengefügt werden können.

6

5 Versehen Sie die Brettoberfläche mit einer gleichmäßigen Schicht aus wasserundurchlässigem Kachelzement, am besten mit Hilfe eines Spachtels. Wenn die gesamte Fläche bedeckt ist, legen Sie das Papier mit den Steinchen nach unten auf das Brett und prüfen Sie, ob an den Kanten etwas überhängt. Sollte dies der Fall sein, so rücken Sie das Papier mit beiden Händen leicht zurecht. Dies ist eine sehr kniffflige Phase – zu vieles Bewegen führt dazu, daß die Kacheln verrutschen und sich überlappen, weshalb ein Assistent hier wirklich sehr hilfreich ist.

6 Sobald die Steinchen gleichmäßig und fest in den Zement gedrückt sind, befeuchten Sie das Papier mit einem nassen Schwamm und ziehen es behutsam ab, um das Mosaik freizulegen. Wischen Sie Rückstände von Kleister und Papier mit einem feuchten, fusselfreien Tuch fort und lassen Sie alle Feuchtigkeit verdunsten. Es ist wichtig, sich vor dem Abbinden des Zements zu vergewissern, daß alle Kachelteile richtig liegen. Sollte es doch noch überstehende Steinchen geben, so »benagen« Sie diese vorsichtig mit der Mosaikzange. Wenn Sie schließlich zufrieden sind, lassen Sie alles 24 Stunden (oder je nach Angabe des Zementherstellers) trocknen. Nun tragen Sie in gewohnter Weise den Fugenmörtel auf (s. S. 17). Bringen Sie schließlich das biegsame Umfassungsband an, das mit Nägeln am Brett befestigt wird, und entfernen Sie alle verbliebenen Reste von Klebstoff oder Papier.

Rahmen und Spiegeleinfassungen

Rahmenmuster aus Mosaik (s. S. 112–123) gibt es so lang wie dieses selbst zur Betonung und Verschönerung eines Werks. Im 18. Jahrhundert waren sie oft kompliziert und prächtig koloriert und zeigten allmählich deutliche Ähnlichkeit mit kunstvoll bemalten Rahmen, wenngleich kleinformatige Werke damals gewöhnlich in Goldrahmen gesetzt wurden.

Das wiedererwachte Interesse am Kunsthandwerk veranlaßte die Künstler und Entwerfer des 19. Jahrhunderts zu immer neuem Experimentieren mit Rahmen für Bilder und Objekte, die oftmals zu einem Bestandteil des Kunstwerks selber wurden. Dieses Abgehen vom Standard-Goldrahmen vollzog sich in dem Maße, wie neue Elemente der angewandten Kunst – so auch das Mosaik – eingeführt wurden.

In unserem Jahrhundert hat sich die Kreativität im Hinblick auf den Entwurf von Rahmen und Spiegeleinfassungen aller Beschränkungen entledigt. Sie entstehen heute aus einer schier unglaublichen Anzahl unterschiedlicher Materialien, reichend von Plastik bis Pappmaché. In diesem Klima des Experimentierens erweist sich das Mosaik als ideales, Vielfalt wie Vielseitigkeit in sich vereinendes Medium. Es erlaubt Spezialanfertigungen, wobei jede eine einzigartige und unwiederholbare Anordnung von Mosaiksteinchen aufweist, selbst wenn dabei das Trägermaterial aus der Massenproduktion stammt.

Aus diesem Grund ziehen viele Leute es vor, fertige Spiegel und Rahmen zu kaufen und diese sodann mit Mosaik zu verkleiden. Dagegen ist gar nichts einzuwenden (s. S. 40–41); es kann aber doch sehr aufregend sein, auch das Trägerteil selbst zu entwerfen (siehe links und rechts). Spiegel vermögen durch Ausschmückung mit Spiegelglas eine eigene Dimension hinzuzugewinnen. In Mosaiksteinchen geschnitten, kann dieses zu einer reflektierenden Umrandung für einen glatten Spiegel verarbeitet werden. Es lassen sich auch spiegelnde Mosaiksteinchen zu einem

Genau genommen handelt es sich bei dem Seepferdchen auf der gegenüberliegenden Seite weder um Spiegel noch Rahmen, sondern um ein dekoratives mit reflektierenden Flächen spielendes Wandmosaik, besonders gut passend für ein Badezimmer. Hinsichtlich Entwurf und Ausführung ist es äußerst einfach: ein Motivumriß (s. S. 112–123) wird auf ein MDF- oder Sperrholzbrett gezeichnet und mit der Laubsäge ausgesägt. Die Einzelheiten des Entwurfs werden dann unmittelbar auf das Brett skizziert und dienen als Anhaltspunkte beim Einsetzen von Gold- und Silbersmalten und/oder Spiegelglas, das mit Hilfe der Mosaikzange in gleichmäßige rechteckige Streifenform gebracht wird. Diese Mosaiksteinchen legt man auf Tropfen von PVA-Klebstoff, und zwar dicht zusammengepackt, um den Bedarf an Fugenmörtel gering zu halten. Auf diese Weise läßt sich leicht eine Serie verschiedener Meereslebewesen schaffen, die gerade einem Badezimmer zur Zierde gereichen.

Eine vor Witz und Phantasie sprühende plastische Kartusche ist Rebecca Newnhams Spiegel »Dädalus und Ikarus« (links). Die beiden merkwürdig proportionierten mythologischen Figuren werden von einem weit ausholenden blauen Schnörkel so gehalten, daß sie von ferne an Botticellis »Geburt der Venus« erinnern; gemäß der das ganze Modell kennzeichnenden Beinah-Symmetrie passen sie einerseits zusammen und unterscheiden sich doch auf subtile Weise. Das überall mitverwandte Spiegelglas weitet das Reflektionsvermögen des zentralen Spiegels über das gesamte Objekt aus, das durch die Farbe Tiefe und mit dem Einsatz von Dunkelblau eine feste horizontale Verankerung erhält. Das Ganze ist eine schöpferische Mischung aus Anspielung und Neuerung – ein echtes Mosaik-Kunstwerk.

ganzen Spiegel aus kleinen Bruchstücken zusammensetzen.

Für ganz besondere Stimmungen und Effekte mit Mosaik bietet sich der übliche quadratische Bilderrahmen als ideales Versuchsfeld an. Innerhalb des vom Rahmen gebildeten Mikrokosmos lassen sich Farb- und Strukturkombinationen erkunden, und es können ungewöhnliche Elemente eingebracht werden. Vielleicht wie Duchamp oder Picasso mit ihren Neufassungen »gefundener« Objekte die Reverenz. In einer Zeit umweltbewußten Denkens sieht man solche Bezüge durchaus auch unter dem Blickwinkel der Wiederverwertung – eine interessante zweite Bedeutungsebene, die zum Zwiegespräch von Bild und Rahmen nur beitragen kann.

Solche Beziehungen müssen jedoch nicht herge-

wünscht der Mosaikschöpfer, die Beziehung zum gerahmten Bild zu betonen und verwendet dafür »Zutaten«, die zu dessen Inhalt in Verbindung stehen. Eine alte Photographie mag davon profitieren, wenn sie in Nachbarschaft zu gleich alten Dingen – zum Beispiel altmodischen Knöpfen – tritt, ein Schnappschuß von der See dagegen harmoniert mit Kieseln und Muscheln (siehe oben Mitte). Diese Art thematischen Widerhalls ist der Collage verwandt, erweist aber auch Künstlern

stellt werden – tatsächlich schränken sie zukünftige Verwendungen des Rahmens ein; das Werk kann ebenso völlig abstrakt sein, gebildet aus Mosaiksteinchen, die ihre ästhetische Wirkung aus der besonderen Zusammenstellung herleiten und darüber hinaus keinerlei Bedeutung haben. Für den Mosaikschöpfer ist es wichtig, diese Zusammenstellungen durch bewußte Auswahl dessen, was dazugehören soll und was nicht, unter Kontrolle zu halten. Ein gänzlich willkürliches

linien nicht gerade sind, die Glasur Sprünge zeigt oder wenn es eine Menge »Krümel« und Staub gibt. Schneiden Sie die Steinchen, die blau sein sollen, mit der glasierten Seite nach oben weisend, die anderen mit der Terrakottaseite nach oben. Auf diese Weise erhalten Sie eher regelmäßige Formen.

2 Mischen Sie eine geringe Menge Latexkleber mit der gleichen Menge Wasser; fügen Sie trockenen Zementkleber hinzu und verrühren alles zu der Konsistenz eines festen Kuchenteiges. Beginnend am Außenrand, bestreichen Sie mit dem so gewonnenen Klebstoff ziemlich dick einen kleinen Brettausschnitt und kleben die Mosaiksteinchen auf, wobei Sie sich Reihe für Reihe in konzentrischen Kreisen nach innen vorarbeiten. Verwenden Sie zur Mitte hin kleinere Steinchen; sollten Sie feststellen, daß das Muster nicht ausgeht, so mogeln Sie ein wenig und lassen ein Steinchen aus – kaum jemand wird es bemerken.

3 Kleben Sie mit der gleichen Mischung rund um den Brettrand abwechselnd blaue und Terrakottasteinchen, die Sie auf die Höhe Brett plus Mosaikauflage gebracht haben. Die Glasur wird nicht so leicht haften wie die Terrakottafläche, so daß Sie entweder den Klebstoff stärker eindicken oder alle Randsteinchen mit der Glasurseite nach außen aufkleben müssen. Tragen Sie nur so vicl Klcbstoff auf, wie Sie bald wieder abdecken können.

4 Um die Spiegelkante zu kaschieren, überkleben Sie sie mit Mosaiksteinchen auf Silikon-Dichtungsmittel. Sie sollten so verkleinert sein, daß sie in einer Linie mit dem inneren Kreis aus Steinchen zu liegen kommen; jedoch nur halb so dick wie diese, um bündig mit der gesamten Mosaikfläche abzuschließen. Lassen Sie alles eine Stunde trocknen, polieren Sie die Mosaikfläche und bringen Sie an der Brettrückseite Aufhänger an.

2

3

4

Gefässe

In die Kategorie der Gefäße fällt ein gewaltiges Sortiment von unterschiedlichen Gegenständen – Schachteln und Schalen, Pokale wie Vasen –, die sich alle als reizvolle Mosaikträger anbieten. Kaum etwas verschafft größere Befriedigung als die vollkommene Verwandlung des Banalen, und besondere Freude bereitet es, langweilige Stücke in fabelhafte Gewänder aus bunten Mosaiksteinchen zu kleiden.

Am Beginn jedes Vorhabens muß grundsätzlich entschieden werden, ob die Funktionalität im Vordergrund stehen soll. Im Falle einer Schachtel lautet die Antwort vermutlich »ja«, denn die Innenseite bleibt ohne Mosaik, und bei der Gestaltung der Außenseite kann im allgemeinen dem Öffnen und Schließen Rechnung getragen werden. Bei einem Pokal zum Beispiel kann es jedoch durchaus nötig sein, die Funktion zu opfern – verkleidet mit Mosaik ist er unbequem zu halten, anfällig für Beschädigungen und schwer abzuwaschen (siehe unten).

Rebecca Newnhams Pokale (unten) sind nicht für den Gebrauch bestimmt, wie schon ihre zinnenbewehrten Ränder deutlich machen. Ihre aus Silber, Messing und Kupfer bestehenden Körper wurden in der Weise mittelalterlicher Kelche so gestaltet, daß sie in sich selber dekorativ, aber auch zum Tragen von Verzierungen bestimmt sind. Sie sind deutlich der Pracht kirchlicher Schaugeräte wie dem grotesken Einfall, gleichermaßen dem Geist des Märchens wie der Formensprache des Schachspiels verpflichtet. Diese Quellenvielfalt läßt es um so angemessener erscheinen, daß auch die Mosaiksteinchen von ausgefallener Inspiration sein sollten: 2 mm dickes Glas wurde mit Blattgold und Blattsilber überzogen, wodurch es wie Edelmetall aussieht.

Diese Entscheidung wirkt sich auf die Auswahl der zu verzierenden Gegenstände, der anzuwendenden Materialien und die Art der Verzierung grundlegend aus. Es läßt sich kein Ratschlag für alle denkbaren Vorkommnisse geben; Hauptgefahren sind in der Praxis jedoch Schäden durch Feuchtigkeit und Wasser sowie durch Abnutzung. Wenn der Gegenstand funktionsfähig bleiben soll, bewahren Sie ihn vor all jenem durch Versiegeln der Basis, durch Verwendung eines wasserbeständigen Zement-Fliesenklebers (s. S. 14–15), und arbeiten Sie mit wasserundurchlässigen Mosaiksteinchen. Schwieriger allerdings ist es, ein Mosaikobjekt gegen Alltagsabnutzung zu wappnen; die Decke aus Mosaiksteinchen sollte aber so glatt und nahtlos wie möglich und die Steinchen selbst sollten fest und sicher in Zement und/oder Fugenmörtel eingebettet sein.

Wenn diese praktischen Voraussetzungen gegeben sind, steht dem Riesenspaß am Objekt nichts mehr im Wege. Handelt es sich um ein kleines Stück, können wahrscheinlich überall »Qualitäts«-Mosaiksteinchen

Die Außenseite dieser klassisch gestalteten Urne (rechts) wurde vollständig mit einem Gemisch aus Bruchgeschirr und -kacheln in groben, unregelmäßigen Rauten bedeckt. Diese gefällige Unruhe – die Steinchen scheinen sich um einen Platz zu drängeln – wird durch den dem Stück eigenen »Farbrhythmus« verstärkt; die Basiskolorierung in Blau und Grün unterbrechen kontrastierende Grundfarben.

verwendet werden; ein großes Stück bietet Spielraum für unkonventionelle Entwürfe und repräsentative Darstellungen. Interessant ist es auch, verschiedene Wirkungen auszuprobieren und dazu eine Anzahl ganz gleicher Gefäße auf völlig unterschiedliche Weise zu bearbeiten. Während man einen Terrakottakrug grob mit bunter, zerschlagener Keramik überzieht (siehe oben), könnte ein zweiter mit harmonisch aufeinander abgestimmten, quadratischen Industriemosaiksteinchen, ein dritter mit »gefundenen« Gegenständen wie Knöpfen oder sogar Aufklebern verkleidet werden. Wenn Sie Mosaikgefäße als Geschenk oder für den Verkauf anfertigen, so vergessen Sie nicht, Richtlinien für die erforderliche Pflege und Sicherheitshinweise mitzuliefern, zumal wenn die Objekte in Reichweite von Kindern gelangen können.

Ein ausgeklügeltes Oktopus-Kästchen

Stephen Windsor Clive ist Fürsprecher des echten Mosaiks als Gegensatz zu der von ihm so genannten »Klein-Kachelei«. Er ist immer bemüht, Smalten, Marmor und Kieselsteine anstelle von Industriemosaik und Bruchgeschirr zu verwenden sowie an ursprünglichen Verfahrensweisen festzuhalten.

Das Prinzip oder Wesen des echten Mosaiks liegt in der fließenden Wirkung, die durch das Verlegen der Mosaiksteinchen mit der Hand erzielt wird. In diesem Punkt ist seine Werkstatt standhaft

und versucht – wenn irgend möglich –, die großen, direkt aus Venedig einlangenden Smaltiplatten zu verarbeiten wie auch historische Vorlagen nachzuahmen und zu übernehmen. Daher durchmißt seine Arbeit die gesamte Skala von unmittelbaren »Faksimile«-Reproduktionen über Interpretationen und Anpassungen bis zu neuen und einzigartigen Werken wie dem hier vorgestellten, verkleideten Stahlkästchen. Stephen scheut auch nicht vor Anleihen bei jüngeren Quellen zurück; er nutzt großzügig sowohl Musterbücher aus dem 19. Jahrhundert wie die islamische Kunst und die Arbeit von Entwerfern des 20. Jahrhunderts. Alle seine Vorhaben – von den Grotten (s. S. 94–95) bis zum Schmuck – werden gemäß seinem unerschütterlichen Glauben an das schlichte, dekorative Mosaik, frei von Spielereien und Gesuchtheit, ausgeführt: er meidet sogar den Gebrauch von Fugenmörtel und zieht es vor, daß die einmal gesetzten Linien ausgeprägt und unverändert bleiben.

Die hier zur Verwendung vorgeschlagenen Mosaiksteinchen sind Stephens bevorzugte und empfehlenswert, sofern leicht erhältlich. Falls nicht, kann die Arbeit auch unter Verwendung von Industriemosaik fertiggestellt werden, wenn sich auch mit diesem eine weniger interessante Struktur ergibt.

Dieses prachtvolle Oktopus-Kästchen (links) schwelgt in den leuchtenden kräftigen Farben venezianischer Smalten, die ihm zu einer angenehm unebenen und stark reflektierenden Oberfläche verhelfen.

Da der Kastendeckel (ganz links) nicht das

vollständige Tier wiedergibt, wirkt die Zeichnung auf ihm beinah abstrakt, denn der Oktopuskörper stellt sich als eine Ansammlung von Grün-, Braun-, Violett-, Grau- und sogar Karmesinrottönen dar.

Die Nahaufnahme eines Details von der Kästchen-Vorderseite (oben) zeigt, wie stark die ausgelegten Linien hervortreten, wenn Smalten nicht mit Fugenmörtel gefaßt werden.

1

Materialien

- *Metallschachtel oder -kästchen, etwa 30 x 20 x 20 cm*
- *Epoxydharzkleber*
- *Sand*
- *Ungeschnittener oder geschnittener Marmor*
- *Ungeschnittene oder geschnittene Smalten*
- *Weißer Zement*
- *Kalk*

Werkzeuge

- *Kleine Schale zum Mischen*
- *Spachtel*
- *Sieb*
- *Lineal oder Bandmaß*
- *Füllfederhalter*
- *Pauspapier*
- *Schere*
- *Hammer und Umschlageisen*
- *Tuschfeder*
- *Haushaltsschwamm*

1 Mischen Sie eine kleine Schale Epoxydharz entsprechend dem auf der Packung angegebenen Verhältnis an: normalerweise fünf Teile auf ein Teil Härter. Verteilen Sie diese Mischung mit einem Spachtel dünn und gleichmäßig auf einer Seite des Kästchens. Sieben Sie ein wenig trockenen Sand so über das Harz, daß er dieses vollständig abdeckt: überschüssigen Sand schütteln Sie ab. Wiederholen Sie den Vorgang auf jeder Seite.

2 Zeichnen Sie die Abmessungen der fünf Kastenseiten auf Pauspapier. Suchen Sie ein Motiv aus, das sich über alle Seiten ausbreiten läßt (s. S. 112–123) und skizzieren Sie dessen Hauptumrißlinien. Schneiden Sie die Zeichnung aus, schlagen Sie sie um das Kästchen und prüfen Sie, ob der Entwurf Sie aus allen Blickwinkeln zufriedenstellt.

3 Mischen Sie in einer kleinen Schale je ein Teil weißen Zement, Kalk und Wasser zu einer butterartigen Konsistenz, ausreichend, um eine Kastenseite abzudecken. Tragen Sie die Mischung mit einem Spachtel auf und streichen Sie sie mit dessen Rand in einer Ebene glatt.

2

4 Nachdem Sie den entsprechenden Teil des Entwurfs mit Tusche nachgezeichnet haben, drücken Sie ihn auf die nasse Zementoberfläche, so daß dort ein Abdruck zurückbleibt.

5 Zerteilen Sie eine zur Abdeckung einer Kastenseite ausreichende Menge von Mosaiksteinchen (kann im voraus erledigt werden). Stephen verwendet Marmorblöcke und ungeschnittene Smalten, die er mit Hilfe von Hammer und Umschlageisen zu ungefähr gleicher Größe und Dicke zerbricht (s. S. 12–13). Falls aber diese Materialien und Werkzeuge nicht zu erhalten sind, kann man

3

4

stattdessen vorgeschnittene Smalten oder entsprechend Marmor nehmen, ebenso Industriemosaik, das sich mit der Zange zerkleinern läßt. Von geschnittenen Marmorplatten findet für Mosaik normalerweise die unpolierte (oder Innen-)Fläche Verwendung.

Drücken Sie – vom Rand nach innen arbeitend – die Mosaiksteinchen mit den Fingern fest in den Zement, wobei Sie der Tuschelinie folgen. Wenn eine Seite vollendet ist, geben Sie Zement und Steinchen auf die nächste und so fort, bis das ganze Kästchen bedeckt ist. Lassen Sie es zwei bis drei Tage trocknen und reinigen es dann von allen Zementresten mit Hilfe eines feuchten Schwamms.

5

Schmuck

Zwischen Mosaik und Schmuck besteht eine natürliche Affinität, denn seit Hunderten von Jahren finden Edel- wie Halbedelsteine im Mosaik Anwendung. Auch die Techniken ergänzen sich, werden doch sowohl Schmuck- wie Mosaiksteine in Unterlagen eingearbeitet, um dort dekorative und lichtreflektierende Oberflächen zu bilden. Die Hauptunterschiede zwischen dem Handwerk des Juweliers und dem des Mosaiklegers liegen denn auch im Umfang und in der Art, in denen von Edelmetallen Gebrauch gemacht wird. In einem seiner kompliziertesten Meisterwerke, dem Kaiserlichen Mosaik-Ei von 1914, brachte der große russische Juwelier Peter Carl Fabergé jedoch eine fabelhafte Verschmelzung – wenn auch in kleinem Maßstab – beider Kunstformen zustande, indem er winzige Mosaikedelsteine in ein außerordentlich feines Metallgeflecht einsetzte.

Die stürmische Entwicklung des Modeschmucks seit der spätviktorianischen Epoche gab den Juwelieren zunehmend die Freiheit, sich unorthodoxer Materialien wie Straß, Kunststoff, Kitt, Farbe, Papier, Glas und unedler Metalle zu bedienen – eine Entwicklung, die das Mosaik zu einem idealen Schmuckmedium hat werden lassen. Mit geringem Kostenaufwand für Material und in relativ kurzer Zeit vermag selbst ein Anfänger unverwechselbare Mosaikobjekte zu schaffen, die gleich echtem Schmuck glitzern und glänzen, ohne daß man dessen Kosten und die mit dem Tragen unweigerlich verbundenen Risiken zu teilen hätte. Tatsächlich kann es mehr Spaß machen, Mosaikohrringe, -broschen, -halsbänder und sogar -ringe zu tragen als deren »echte« Gegenstücke, die begreiflicherweise im Hinblick auf die Größe der Steine und die Fassungen in Konventionen befangen sind.

Um mit Erfolg Mosaikschmuck anzufertigen, ist ein gewisses manuelles Geschick geboten sowie die Fähigkeit, Gewicht und Ausgewogenheit der Arbeit jederzeit scharf im Auge behalten zu können; was aber ein Objekt geradezu darum betteln läßt, getragen zu werden, sind der ihm aus der Phantasie seines Schöpfers zufließende Charakter und Charme.

Dieses kleine Kamel-Halsband von Andrew Logan (ganz links) ist tatsächlich eine winzige, an einer Kette hängende Skulptur. Kleine, unregelmäßige Spiegelglasscherben schaffen eine glitzernde, beinah reptilienartige Haut auf dem Körper des Tieres, die in spannungsreichem Gegensatz zu Struktur und Farbe seiner reizvollen Last aus Similisteinen steht.

Die Schmuckkollektion von Ray Halsall (links) zeigt, welche Pracht das Zusammentreffen von Witz, Phantasie und Geschick im Werk eines einzelnen Mosaikschöpfers entfalten kann (s. a. S. 52–53). Spiegelglas, Similisteine und Glitzerstaub sind Rays Hauptmaterialien, die aber ganz unterschiedliche Erscheinungsformen annehmen – von recht zurückhaltenden Ohrringen bis zu ausgefallenen, ihrerseits wieder aus kleineren Mosaikelementen zusammengesetzten Halsbändern.

Julie Arkells Pappmachéhund (oben) ist eine Promenadenmischung aus Bruchgeschirr, farbigem sowie Spiegelglas, Similisteinen und Perlen. Seine naive, auf zwei Dimensionen abgeflachte Gestalt verleiht ihm ein betörendes Aussehen, bringt aber auch eine leichter zu verzierende Oberfläche mit sich. Die Pappmachéunterlage wurde mit einer dicken, gleichmäßigen Schicht aus Goldfarbe zugedeckt und ähnelt nun dem Metall.

Extravagante Ohrringe

Ray Halsalls Schöpfungen sind nichts für Schüchterne und Zurückhaltende: Aus zerbrochenem Spiegelglas, Similisteinen und Glitzerstaub gefertigt, stellen sie eine von Art déco, Punk und dem Stil der 90er Jahre inspirierte Mischung dar, in der Dekadenz und Hedonismus eines zügellosen Nachtlebens nachklingen. Sie sind für Sybariten mit kühnen Leidenschaften und starken Instinkten, Typen à la Baudelaire, die in Pracht und Exotik schwelgen.

Wenn die Trägerin dieser Ohrringe (links) den Kopf dreht, verbreitet sie einen Schauer aus tanzenden Lichtern – ein moderner Nimbus, der wenig mit Religion, aber alles mit der Macht der Anziehung zu tun hat. Denn dies sind die Ohrringe von Verführerinnen, die kraft ihrer Bewegung, ihres Funkelns sowie ihrer leidenschaftlich roten Mittelpunkte Aufmerksamkeit fordern.

Wenn sie auch leicht und rasch herzustellen sind und ihr Material fast nichts kostet, haben diese Ohrringe doch Rasse und Klasse. Sie allein schon machen das berühmte »kleine Schwarze« zu einem »Outfit«, einem solchen, das Hollywood und zugleich den Exzessen der Rock-Ära huldigt. Das soll aber nicht heißen, daß dieser Schmuck vulgär sei – ganz im Gegenteil; denn, einmalig und selbstgemacht, ist er von einer Feinheit und Empfindsamkeit fern von allem glatten, unpersönlichen Glanz, der dem Modeschmuck aus der Massenproduktion eignet.

Diese Tropfenohrringe stellen selbstverständlich nur eine Variante aus vielen Schmuckformen und -arten dar, die man mit Hilfe von Rays vielseitiger Technik anfertigen kann. Mit den entsprechenden Werkzeugen und Fassungen lassen sich genauso leicht Broschen, Anhänger und Ringe herstellen.

Materialien
- *Unliniertes weißes Papier*
- *Transparentfolie*
- *Spiegelglas*
- *Zwei rote Similisteine*
- *Glaskleber und Härter*
- *Feiner Glitzerstaub*
- *Mittelstarker Draht*

Werkzeuge
- *Füllfederhalter*
- *Skalpell*
- *Glasschneider*
- *Flach- oder Mosaikzange*
- *Kurzer Stab zum Mischen*
- *Zahnbürste*

In diesen Neo-Art-déco-Tropfenohrringen (links) verschmelzen auf perfekte Weise die Stile der 30er und 90er Jahre; sie verbinden den Hochglanz des Spiegelglases mit dem inspiriert Zufälligen des Selbstgemachten.

1

1 Zeichnen Sie die Umrißlinien der Ohrringe auf ein Stück Papier. Mit Hilfe von Glasschneider und/oder Zange schneiden Sie gewöhnliches Spiegelglas in Dreiecke von der Größe der tränenartigen Anhängerteile. Schneiden Sie ebenfalls lange Streifen aus Spiegelglas und diese weiter in kleine Quadrate. Gestalten Sie die Dreiecke zu Tränenformen, indem Sie die beiden unteren Ecken abrunden. Diese Figur teilen Sie jetzt in etwa sechs ungleichförmige Stücke. Für die Oberteile der Ohrringe »knipsen« Sie die kleinen Quadrate zu winzigen Dreiecken mit abgeflachter Spitze zu und ordnen diese kreisförmig um die roten Similisteine an.

2

2 Zeichnen Sie die Umrisse noch einmal auf ein zweites Stück Papier und decken Sie sie mit einem dünnen Transparentfolienstück ab. Mischen Sie den Glaskleber mit dem Härter in dem auf der Tube angegebenen Verhältnis und tragen Sie ihn sehr dick auf die Folie entlang den Umrißlinien auf. Der Glaskleber trocknet so schnell, daß man nur eine Figur auf einmal in Angriff nehmen kann. (Das folgende Verfahren gilt für alle vier Figuren). Übertragen Sie mit Hilfe eines Skalpells die Spiegelglasscherben vom Papier auf den Glaskleber und drücken Sie sie in diesen sanft hinein. Wenn alle Figuren vollständig sind, begraben Sie eine jede etwa dreißig Sekunden lang unter einer gehörigen Menge Glitzerstaub. Schütteln Sie sodann allen überschüssigen Staub ab, klopfen lose erscheinende Teile fest und glätten – sofern erforderlich – den Rand der Figur, indem Sie den Glaskleber sanft mit der Skalpellklinge bearbeiten. Lösen Sie die Figur von der Folie ab.

3 Mischen Sie weiteren Glaskleber und geben ihn großzügig auf die Rückseite der Figur. Arbeiten Sie immer nur an einem Stück auf einmal. Drücken Sie je einen Ohrsteckerdorn in die Mitte der beiden Oberteile und setzen Sie kleine Schlaufen aus mittelstarkem Draht in alle vier Figuren ein, so daß jeweils ein oberes und ein herabhängendes Teil miteinander verbunden werden. Befeuchten Sie die Finger ein wenig und ziehen Sie den noch formbaren Glaskleber über diese Anbringungen, welche dadurch fest eingelassen sind. Es können dann Glitzerstaub und/oder Pailletten – wie in Schritt zwei beschrieben – aufgetragen werden. Nach dem Trocknen aller Stücke werden diese mit einer Zahnbürste poliert.

3

Durchscheinende Schmetterlings-Brosche

Wie anhand dieses Vorhabens als auch der spiegelnden Ohrringe (s. S. 52–53) gezeigt wird, kommt Mosaik nicht nur für ausladende Werke in Frage; es eignet sich ebensogut für feine, kleinformatige Objekte und wird heute sehr gern zu schönem Schmuck verarbeitet.

Insekten faszinieren Tessa Hunkin (s. a. S. 74–75) wegen ihrer natürlichen, dekorativen Gestalt und geringen Größe, was sie zu einer idealen Vorlage für Broschen macht. Diese sehr kleinen Werke funkeln wie kostbare Edelsteine, sind aber aus dem gleichen Glas gemacht, das auch in großformatigen Mosaiken Verwendung findet. Die Zauberei besteht darin, daß die Mosaiksteinchen zu kniffligen Kleinformen »geschnitten« und diese so angeordnet werden, daß ihre Zwischenräume wie feine Adern wirken. Die Arbeit erfordert Geschick und Übung; das Verfahren ist jedoch wunderbar einfach und rasch zu Ende zu bringen. Sie können jedes Werkzeug benutzen, das Ihnen die Arbeit mit den vertrackten Stücken erleichtert – als ungeahnt nützlich kann sich eine Pinzette erweisen.

1

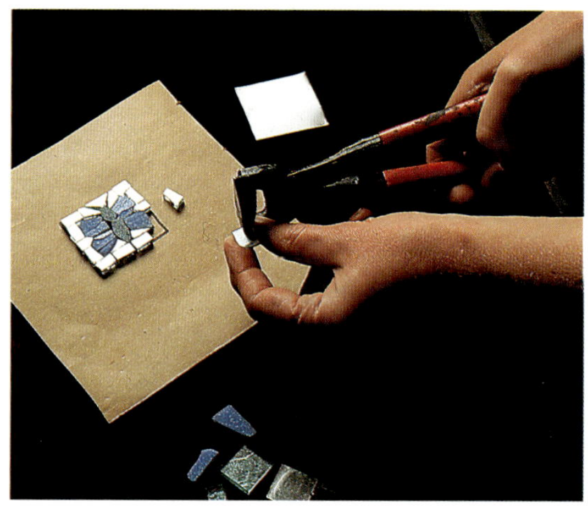

2

Wenn Sie ein kleinformatiges Objekt in Angriff nehmen, ist es unerläßlich, eine klare Vorstellung von der plastischen Wirkung des Entwurfs zu haben, der so eindrucksvoll und doch so einfach wie möglich zu halten ist. Tessa Hunkins Schmetterlings-Brosche (oben) wirkt unkompliziert und verspielt, ist aber tatsächlich sehr gegliedert und beschränkt sich streng auf Grundfarben und schlichte symmetrische Formen.

Materialien
- *Packpapier*
- *Doppelklebeband (fakultativ)*
- *Silber- oder Aluminiumblech, beschichtet*
- *Industrie- und Silbermosaiksteinchen*
- *Epoxydharzkleber*
- *Fugenmörtel*
- *Anstecknadel*

Werkzeuge
- *Füllfederhalter und Bleistift*
- *Lineal*
- *Schere*
- *Mosaikzange*
- *Fusselfreies Tuch*

1 Markieren Sie auf einem kleinen Stück Packpapier Umriß und Motiv Ihrer Brosche in den von Ihnen gewählten Abmessungen. Sollten Sie sich sicherer fühlen, wenn Sie die Mosaiksteinchen aufkleben statt sie nur lose aufzulegen, dann bedecken Sie die fertige Zeichnung mit einer Lage Doppelklebeband. (Nach dem Abziehen auch der oberen Schutzfolie ist die Zeichnung

3

wieder gut zu sehen.) Schneiden Sie mit der Schere ein Stück beschichtetes Silber- oder Aluminiumblech von der Größe der Fassung und legen es zur Seite.

2 Bringen Sie die Mosaiksteinchen in die durch den Entwurf vorgegebenen Formen – am besten, indem Sie sie mit der Zange »benagen« (s. S. 17). Die Aderwirkung in den Flügeln erzielen Sie, indem Sie diese in einem Stück schneiden und dann brechen. Da die Maße so winzig sind, empfiehlt es sich, mehr Mosaiksteinchen bereitzuhalten, als eigentlich benötigt werden. Sobald Sie ein Stück geschnitten haben, legen Sie es auf die Vorlage und kleben es auf, sofern Sie Klebeband verwenden. Vollenden Sie auf diese Weise allmählich das ganze Bild, wobei es nichts ausmacht, wenn Sie das eine oder andere Stück wieder aufnehmen müssen, um seine Form zu ändern. Beachten Sie, daß die Silberseite der entsprechenden Mosaiksteinchen hier nach oben zu liegen kommt.

3 Wenn alle Stücke geschnitten sind, ziehen Sie die Schutzschicht vom Silber- oder Aluminiumblech ab, das so eben wie möglich sein sollte, und bestreichen Sie die mattere Seite mit Epoxydharz. Heben Sie – beginnend an den Rändern – das Mosaik Steinchen für Steinchen vom Packpapier ab und legen es in gleicher Position auf das Blech. Solange das Harz feucht ist, sind die Steinchen noch beweglich, machen Sie sich also keine Sorgen, wenn die Paßform zunächst nicht so gut wie auf dem Packpapier ist. Lassen Sie das Stück eine Stunde trocknen; dann bearbeiten Sie es genau wie ein größeres mit Mörtel (s. S. 17). Sorgen Sie dafür, daß die Oberfläche vollkommen sauber ist, bevor Sie das Stück eine weitere Stunde trocknen lassen. Schließlich befestigen Sie die Anstecknadel auf der Rückseite mit Epoxydharz.

Innenräume

Blickfänge

Fussböden

Wände

Bäder

Küchen

Eine Mosaikverzierung macht jeden Innenraum zu etwas Einzigartigem, und es ist diese besondere Fähigkeit in Verbindung mit seiner Vielseitigkeit und Schönheit, die das Mosaik zu einer so willkommenen Zutat in privaten Häusern wie öffentlichen Gebäuden macht. Stein- und Keramikmosaiken bilden praktische und widerstandsfähige Fußböden, Wände und schöne, wasserundurchlässige Oberflächen. Anders als manche Kunst ist Mosaik zugleich zweckmäßig und dekorativ; langweilige Räume belebt und erhebt es durch eine Fülle an Mustern, Rhythmen und Farben.

Das Treppenhaus dieses modernen französischen Wohnhauses legt eine auffällige, winkelförmige Dekoration nahe, die hier die Gestalt geometrischer, an maurische Fliesen gemahnender Mosaikmuster annimmt. Bodenfigurationen sowie Einzelheiten der Geländerbrüstung wurden jeweils als Teil einer einheitlichen Anlage konzipiert, die bildhaft vorführt, wie vielseitig und vervollständigend Mosaik sein kann.

Blickfänge

In Innenräumen findet Mosaik seit Tausenden von Jahren Verwendung, da es einer der haltbarsten und vielseitigsten Wand- und Bodenbeläge ist, die der Mensch kennt. Es eignet sich für fast jeden Raum, haftet an den meisten Oberflächen, bekommt keine Flecken, isoliert gut, ist strapazierfähig und verblaßt kaum. Die Mosaiksteinchen lassen sich in regelmäßiger, rechteckiger Anordnung verlegen oder in einem einzigartigen, unsymmetrischen Muster, der Entwurf kann rein dekorativ oder aber repräsentativ sein, womöglich mit thematischem Bezug zur Art der Raumbenutzung. Doch über allen Nutzen und alle Möglichkeiten hinaus verleiht jedes Mosaik einem Innenraum Persönlichkeit, indem es ihn von anderen absetzt und eine – wenn auch bescheidene – visuelle Aussage macht.

Zum Glück unterliegt die Anwendung von Mosaik keinen ästhetischen Regeln oder Konventionen. So unverwechselbar und vielseitig ist dieses Medium, daß es sich selbst Geschmacksübereinkünften entzieht. Man findet es daher an vielen Stellen, die als Kristallisationspunkte der Innenausstattung gelten können: in Alkoven und an Kaminen, als untere oder obere Wandverkleidung, auf Setzstufen, Herden, Arbeitsflächen und als »Teppich« und Umrandung in Böden eingelassen.

Da nun aber ein Mosaik über soviel Charakter gebietet, muß man aufpassen, daß es die anderen Raummerkmale nicht »erschlägt«. Um dies zu vermeiden, empfiehlt es sich, entweder eine Anzahl verwandter Mosaikelemente einzuführen, die die Wirkung im Gleichgewicht halten, oder das Mosaik mit anderen Objekten und Besonderheiten abzustimmen, in denen seine Farben und Formen wieder anklingen. Selbst wenn ein ganzer Boden mit Mosaik bedeckt ist, auf dem zwangsläufig alle Gegenstände des Raumes verankert sind, sollte es doch eine visuelle Beziehung geben, die zwischen Boden und Möbeln eine Verbindung schafft.

Auch dem Lichteinfall – dem natürlichen wie dem künstlichen – sollten bei der Planung im Innenraum einige grundsätzliche Überlegungen gelten. Ein Wandmosaik neben einem hellen Fenster benötigt viel farbli-

Aus einem gewöhnlichen Kamin (links) wird ein aufsehenerregender »Brennpunkt«, wenn man ihn dick mit einem wilden Gemisch aus Bruchgeschirr verkleidet.

Ein regelmäßiges, sich wiederholendes geometrisches Muster (oben) deckt einen weiten Wandbereich auf eindrucksvolle, aber nicht beherrschende Weise ab.

Dieser Boden (unten) verfügt über ein modernes Mosaik»pflaster«, das aber ebenso wie Tisch und Stuhl den Stil der 50er Jahre vorführt. Umsichtig ausgewählte Möbel vermögen die Schönheit eines Mosaiks zu verdeutlichen.

chen Kontrast, soll es im Gegenlicht nicht vollständig ausgelöscht werden. Erwägenswert ist auch, das auf einen Steinboden von warmer Farbe treffende Licht zu dämpfen und zu streuen (s. S. 61) oder ein scharf gebündeltes Licht auf ein besonderes Strukturmerkmal zu richten. Vermeiden Sie zentrale Beleuchtung, weil diese Mosaik langweilig aussehen läßt, sowie Neonlicht, das Farbfeinheiten ausbleichen kann. Denken Sie auch daran, daß farbiges Licht sowohl günstig wie nachteilig zu wirken vermag. Wenn ein Mosaik hauptsächlich künstlich beleuchtet wird, so experimentieren Sie mit verschiedenen Farbtönen, um die ansprechendsten Ergebnisse herauszufinden. Eine übliche Glühlampe scheint im allgemeinen warm und golden, wohingegen Halogenlampen kühlere Farben liefern.

Es gibt so viele Arten, ein Mosaik zu entwerfen, wie es Inneneinrichtungen gibt; es ist deshalb viel-

Im Fußboden (unten) verschmelzen unterschiedliche Typen von Mosaiksteinchen beinah in der Art einer Textilcollage. Ein Gefühl von Bewegung vermitteln locker ausgerichtete, sich zu einer Spirale fügende Linien, in die eine Reihe kleiner, runder, weißer Fliesen einen Anker wirft.

Die Wand (rechts) ist mit ihrem vollständigen Muschelüberzug den Traditionen der Grottenanlage (s. S. 94–95) verpflichtet. Die Muscheln bilden dekorative Ränder um besondere Merkmale wie auch eine regelmäßige Füllstruktur, die durch gleichmäßig verstreute größere Muscheln belebt wird. Spiegel und Stuhl wurden in die Anlage »eingepaßt«, ersterer durch Zerschlagung und Abrundung seiner Ecken, letzterer, indem man ihm die Muschelgestalt zur Nacheiferung aufgab.

Im neo-römischen Fußboden (gegenüberliegende Seite) wurden weite Flächen mit opus tessellatum *(s. S. 20–21) unter Anwendung der indirekten Methode (s. S. 18–19) ausgelegt, wie an den zwischen den verschiedenen Abschnitten verlaufenden, geraden Fugen ersichtlich ist. Dennoch stellt sich eine homogene Wirkung ein, die ihre Einheitlichkeit aus der Struktur des Steins und dessen gedämpften, warmen Farben gewinnt.*

leicht hilfreich, sich mit folgenden Erwägungen vertraut zu machen: Entscheiden Sie sich für einen Entwurf, der weder effekthascherisch ist noch schnell veraltet, und achten Sie darauf, daß er im richtigen Verhältnis zu den Raummaßen steht. Passen Sie die Materialien an die Funktion und das Aussehen des Zimmers an, wobei Sie die Struktur der Mosaiksteinchen sowie ihr Vermögen, Licht zurückzustrahlen, in Betracht ziehen. Überzeugen Sie sich, daß Veränderungen, die mit der Zeit in der Dekoration vorgenommen werden, die Anlage nicht beeinträchtigen, und – wie schon besprochen – berücksichtigen Sie die Lichtverhältnisse. Noch wichtiger aber ist, daß Sie Spaß am Mosaik haben; lassen Sie Ihre Phantasie bis an die Grenzen schweifen, um schließlich einen Raum zu schaffen, der voll und ganz der Ihre ist.

Fussböden

Die Römer waren große Meister des Fußbodenmosaiks; ihre Produktion deckte dessen gesamte Bandbreite ab – von kleinformatigen Arbeiten für die häusliche Inneneinrichtung bis zu flächendeckenden Pflastermosaiken für städtische Räume. Sie entwickelten für Umrandungen wie zentrale Dekore eine umfassende »Grammatik« geometrischer Wiederholungsmuster, derer sie sich in Verbindung mit »emblemata« – komplizierten, gegenständlichen Tafeln (s. S. 8) – bedienten.

Der Schablonen, die aus diesen Vorbildern gewonnen wurden, waren so viele und unterschiedliche, daß der römische Einfluß auf die Anlage von Bodenmosaiken über Hunderte von Jahren erhalten blieb. Da Fußböden als dauerhaftes Merkmal des Raumes in diesem den Ton angeben, wurden sie im allgemeinen konservativer gestaltet als andere Oberflächen und Objekte – obgleich es von dieser Verallgemeinerung bemerkenswerte Ausnahmen gibt (s. S. 71–72). Die römischen Vorläufer lieferten dazu geprüfte und erprobte ästhetische Lösungen.

Woher auch immer die Inspiration kommen mag – Fußböden müssen strapazierfähig und zumeist vollkommen glatt sein; praktische Ziele, die am besten mit Hilfe der indirekten Methode (s. S. 18–19) zu erreichen sind, die bei gut gearbeiteten Außenanlagen ebenfalls dem Anhaften förderlich ist.

Die Fußbodentafel (unten links) ist nur eine von 61 Thementafeln, die Boris Anrep zwischen 1928 und 1952 für die National Gallery in London entworfen hat. Er glaubte, daß, wenn Fußbodenmosaiken vom Betrachter begangen werden, sich zwischen beiden eine besonders vertraute Beziehung herstellen müsse.

Diese Nachbildung eines römischen Fußbodens (unten) bedient sich eines Grundwiederholungsmusters in einer Vier-mal-vier-Anordnung, unterbrochen durch eine schlichte, geradlinige Einfassung. Das Gleichmaß der Anlage wird durch die zarten Farbnuancen gemildert.

Die großformatigen Mosaiksteine auf dem Badezimmerboden (rechts) sind in einer solchen Weise verlegt worden, daß ihre Linien denen römischer Bodenmosaiken ähneln. Passend zur Raumfunktion hat der Mosaikschöpfer ein Meeresthema gewählt: eine Unterwasserwelt tut sich unter den Füßen auf. Ungeachtet der organischen Motive wurde dieser Boden durch eine kräftige, geradlinige Struktur verankert.

Elegante Griechische Bodeneinfassung

Dieser kompakte Stadthaus-Wintergarten zeichnet sich durch eine elegante Bodenumrandung in klassischem Mäandermuster aus. Mit ihren Mosaiksteinchen aus blaugrünem und cremefarbigem Marmor ergänzt sie auf vollkommene Weise die für den Fußbodenbelag verwendeten französischen Kalksteinplatten, die zwecks Erzielung eines Einklangs mit der Mosaiktextur ebenfalls nicht poliert wurden. Eine solch schlichte und stilvolle Umrandung würde in nahezu jedem Zimmer des Hauses wirken, eignet sich aber besonders für Dielen und Wintergärten, wo sie einem rein zweckmäßigen Natursteinboden unweigerlich Größe verleiht.

Ein derartig ausgedehntes Wiederholungsmuster von Hand zu gestalten, ist durchaus möglich, aber eine mühsame und häufig undankbare Arbeit. Für ein funktionales Mosaik von dieser Art kauft man vorzugsweise fertig auf Nylon- oder Fiberglasbahnen zusammengesetzte Mosaiksteinchen. Stören Sie sich nicht zu sehr an dieser »Patentlösung«; Sie werden feststellen, daß noch viel Geschick vonnöten ist, um das Muster in Übereinstimmung mit dem zur Verfügung stehenden Raum zu bringen und die Bahnen selbst zu verlegen.

Falls Sie nicht zu denen gehören, die knifflige und langweilige Arbeit mögen, aber Mosaik und alles, was es zu bewirken vermag, lieben, dann sind Sie mit diesen vorgefertigten Teilen bestens bedient.

Materialien
- *Mosaik-Einfassungsbahnen*
- *Anti-Flecken-Steindichtungsmittel*
- *Zement*
- *Scharfer Sand*
- *Zement-Fliesenkleber*
- *Fugenmörtel*
- *Silbersand*

Werkzeuge
- *Cuttermesser*
- *Hammer und Meißel oder Hammer und Umschlageisen*
- *Kelle*
- *Hölzernes Stöckchen zum Einebnen*
- *Fusselfreies Tuch*

Für diesen kleinen Wintergarten reicht die Mosaik-Bodeneinfassung als einziges Dekorationselement aus (rechts). Ihr klassisches Regelmaß schafft ein leichtes, luftiges Ambiente, das stattlich, aber nicht protzig anmutet.

1 Verlegen und versiegeln Sie den zentralen Fußbodenbereich; achten Sie darauf, daß die auf die Mosaikumrandung stoßenden Kanten sauber und gerade sind: Hier wurden Messingstreifen mittels Marmormastix als Begrenzung des Kalksteins aufgeklebt. Halten Sie die vorgefertigten Mosaikbahnen bereit. Falls Sie das Mosaik selbermachen, kleben Sie die einzelnen Steinchen mit der Vorderseite nach oben mittels Harzkleber auf kräftiges, biegsames Nylongeflecht und lassen sie gründlich trocknen. Verlegen Sie – beginnend an den Zimmerecken – nacheinander Bahn um Bahn, messen Sie den zur Verfügung stehenden Platz aus und passen sodann jede Bahn an, indem Sie mit einem scharfen Messer die nicht benötigten Mosaiksteinchen von der Rückseite her abtrennen. Legen Sie die gesamte Einfassung aus, ohne sie zu verkleben, um zu sehen, ob sie paßt. Richten Sie den Innenrand gerade aus; sollte der Außenrand nicht gerade zur Wand verlaufen, so passen Sie die Steinchen mit Hilfe von Hammer und Meißel oder Hammer und Umschlageisen an (s. S. 13). Falls die Wiederholungsmuster nicht genau aufgehen, dann »mogeln« Sie ein wenig, indem Sie Mosaiksteinchen herauspflücken und sie dort, wo welche benötigt werden, mittels Marmormastix wieder aufkleben.

2 Legen Sie die Bahnen behutsam beiseite und versiegeln Sie die Oberfläche mit Steindichtungsmittel. Mischen Sie den Zement (s. S. 19) entweder pur oder in Verbindung mit scharfem Sand (höchstens 50%). Verteilen Sie ihn grob mit einer Kelle auf der Umrandungsfläche. Dann ebnen Sie mit einem Stöckchen (dessen Länge der Umrandungsbreite und dessen Dicke der Mosaiksteinchen entsprechen) die Oberfläche. Lassen sie 24 Stunden trocknen.

3 Geben Sie Zement-Fliesenkleber in einer Stärke von 5 mm auf den Zement und drücken dann die Bahnen mit Hilfe einer sauberen Kelle fest in diesen Untergrund hinein. Wenn alles verlegt ist, mit einem leicht angefeuchteten Tuch die Kleberreste von der Mosaikoberfläche wischen; nach 24 Stunden Trockenzeit verfugen. Zur Farbveränderung wurde dem Mörtel Silbersand beigegeben. Schließlich polieren Sie mit einem fusselfreien Tuch und versiegeln das Mosaik noch einmal.

1

2

3

Wände

Wände sind vorzüglich als Untergrund für Mosaiken geeignet, die mittels der direkten oder der indirekten Methode aufgebracht werden können (s. S. 16–19). Das Verfahren nach der ersteren unterscheidet sich kaum vom Verlegen gewöhnlicher Haushaltsfliesen; letzterer ist jedoch der Vorzug zu geben, wenn große Flächen mit einheitlichen Mosaiksteinchen abgedeckt werden sollen. Diese können Sie plattenweise vorgefertigt kaufen und durch behutsames Austauschen einiger Steinchen zur Erzielung starker und kühner Wirkungen maßschneidern.

Verkleidungen der unteren Wand mit Mosaik sind zumal in Küchen und Badezimmern angezeigt, wo Malerei durch Spritzer Schaden nehmen könnte.

Durchaus gewagter ist es, die Wand nicht mit einem im voraus geplanten Muster, sondern mit einer

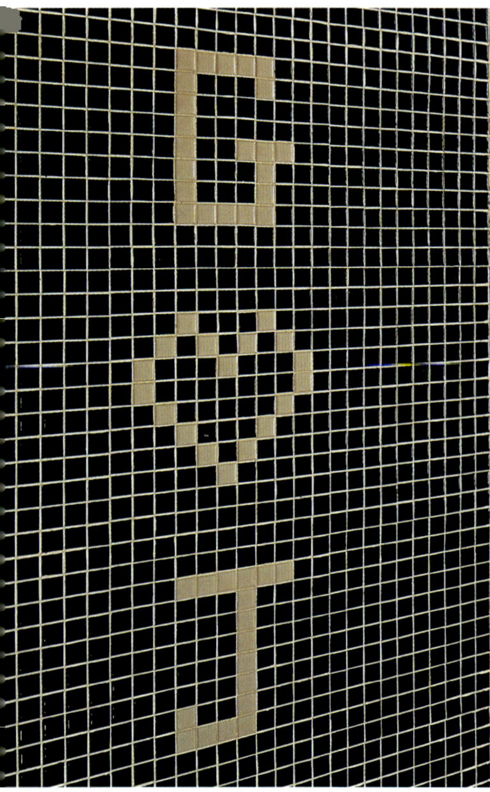

Diese Liebesbotschaft stellt sich als eindrucksvolle plastische Aussage dar; der zugrundeliegende Entwurf ist jedoch leicht auszuführen. Die schwarzen Hintergrund-Mosaikkacheln werden plattenweise vorgefertigt eingekauft, womit das langwierige Stück-für-Stück-Verlegen entfällt. Eine Anzahl dieser Kacheln wurde sodann herausgelöst und durch weiße ersetzt, die das Motiv bilden.

Die trüben Glaskacheln dieses Badezimmers im mediterranen Stil wurden einzeln verlegt, wodurch sich eine etwas unebene Oberfläche ergibt. Als Ergänzung zur rauhen, gesprenkelten Wandstruktur ist dieser Effekt sehr reizvoll, der noch durch den dicken, ungefärbten, die Unregelmäßigkeiten ausgleichenden Fugenmörtel erhöht wird.

Anordnung direkt, aufs Geratewohl aufgetragener Mosaiksteinchen zu versehen. Diese können aus Keramikscherben oder auch aus anderen Materialien wie Muscheln, Stein, Spiegelglas oder Kunststoff-Objekten bestehen, die nach Art eines Puzzles zu einem einzigartigen, unwiederholbaren Wandbelag zusammengesetzt werden.

Orientalisch mutet dieses exotische Badezimmer in seiner Verbindung von Gitter und Mosaik an. Eine schlichte Welleneinfassung gelangt hier durch die Farben und das Muster des Hintergrund-Mosaiks zu komplexerer Wirkung und bildet ein kräftiges, aber unaufdringliches dekoratives Merkmal aus, das gut mit der prunkvollen Marmortischplatte harmoniert.

Oben: Ein einheitlich blauer Mosaikgrund bildet die ideale Folie für ein beherrschtes, gleichwohl üppiges Dekor. Klassische Zurückhaltung bestimmt die klaren, geradlinigen Einfassungen und läßt das zentrale Motiv um so deutlicher hervortreten: einen sich aufbäumenden, goldenen Zentauren.

Ganz oben: Cleo Mussis einzigartige Mosaik-Wandkacheln verleihen allen Küchen und Bädern unmittelbar Charme und Charakter.

Materialien
- *Pauspapier*
- *Unliniertes Papier*
- *MDF- oder Sperrholzplatte, etwa 56 x 33 cm groß*
- *Holzversiegler*
- *Bruchgeschirr*
- *Zement-Fliesenkleber*
- *Fugenmörtel*
- *Tempera- oder Acrylfarbe*
- *Spiegelaufhänger*

Werkzeuge
- *Bleistifte, Farben und Pinsel*
- *Mosaikzange*
- *Biegsames Füllmesser*
- *Gummihandschuhe*
- *Nagelbürste*
- *Staubmaske*

Exotische Wandtafel

Islamische Architektur wie indische Textilien haben die Gestaltung dieser Wandtafel inspiriert. Cleo Mussi (s. a. S. 102–103), die früher Textilien entwarf, hat in ihrem unverkennbaren, eklektischen Stil eine Phantasiefassade von klassischer Struktur geschaffen, allerdings mit einem Eselsrückenbogen, der von einer beachtlichen orientalischen Sonne beschienen wird. Als Material diente ausschließlich Bruchgeschirr; kraft Stil und Technik aber wirkt das Stück wie mit Edelsteinen überzogen.

Die Zickzackanordnung der Bruchgeschirrteilchen auf dieser Wandtafel (oben) gibt dem Stück eine gefällige, wie zerklüftete Textur, die mit dem kühnen Originalentwurf gut harmoniert.

1

2

3

1 Zeichnen oder malen Sie Ihren Entwurf in voller Größe und mit so vielen Einzelheiten auf, wie zur Festlegung des Musters im Werkstück nötig sind, und halten Sie sich dabei die Farben des zur Verfügung stehenden Bruchgeschirrs vor Augen. Nun zeichnen Sie die strukturellen Hauptelemente aus; die Zeichnung soll so einfach wie möglich sein.

2 Schneiden Sie eine MDF- oder Sperrholzplatte auf die Größe der Zeichnung zu. Diese übertragen Sie auf die Unterlage, nachdem Sie sie versiegelt haben. Mit Hilfe der Mosaikzange formen Sie die Mosaiksteinchen nach Bedarf und bestreichen sie mit Zement-Fliesenkleber, wobei Sie sich eines biegsamen Füllmessers bedienen. Verlegen Sie zunächst die Hauptumrißlinien und füllen sodann das Muster aus; verwenden Sie an den Außenkanten nach Möglichkeit Randstücke. Wenn die gesamte Oberfläche einschließlich dieser Kanten ausgeführt ist, lassen Sie alles 24 Stunden trocknen.

3 Ziehen Sie Gummihandschuhe an und bearbeiten das Stück in der gewohnten Weise mit Mörtel (s. S. 17), dem Sie je nach Erfordernis Tempera- oder Acrylfarbe beifügen (s. S. 14–15). Bürsten Sie sodann mit einer Nagelbürste den Mörtel kräftig von der Oberfläche; tragen Sie dabei eine Staubmaske. Lassen Sie weitere 24 Stunden trocknen.

Bäder

In einem Badezimmer oder Duschraum kann Mosaik – auf Wänden, Böden und anderen Oberflächen angewandt – genauso praktisch wie Fliesen sein, sofern es nur eine richtige Behandlung mit Fugenmörtel erfährt. Hier, in diesen Räumen mit ihren abgegrenzten Funktionen, darf Mosaik wirklich »wuchern«; seine praktische Eignung rechtfertigt den Zugang zu gewaltigen Flächen, die sogleich zu riesigen keramischen Wandgemälden werden. Andererseits kann es auch für kleinformatige Details angewendet werden; doch auch in diesem Fall wird die übliche Spärlichkeit solcher Räume dafür sorgen, daß alle Mosaikmerkmale sich deutlich hervortun.

Einzelne Gebilde aus Mosaik sind im allgemeinen in Wohn- und Schlafzimmern weitaus besser aufgehoben, und selten findet man welche freistehend in Badezimmern. Mosaikelemente werden gerne in das Design einbezogen oder – im Falle nachträglicher Einfügung – dauerhaft befestigt. Deshalb vielleicht gelangt ein Mosaik in solchen Räumen zu so starker gestalterischer Aussagekraft; die Räume scheinen sich voll und ganz auf das Mosaik »festgelegt« zu haben.

Wenn es sich auch bei Badezimmern um im wesentlichen zweckmäßige Räume handelt, so appellieren sie doch auch an unsere schöpferischen Instinkte – stellen sie doch das ideale Milieu für wilde und verrückte Dekorationen dar, die man aus einem entspannenden Sandelholz-Schaumbad heraus bewundern kann. Mosaikanlagen nach Themen haben daher ihren eigentlichen Ort hier, und aus naheliegenden Gründen erfreuen sich Meeres-Sujets dauerhafter Beliebtheit. Hier bietet sich Gelegenheit, einer persönlichen Leidenschaft zu frönen (wie am »kosmischen« Badezimmer auf der gegenüberliegenden Seite beispielhaft zu sehen ist), oder Stile der Vergangenheit neu zu erschaffen – der römische Stil (oder in England der aus der Zeit Edwards VII.) ist ein Dauerrenner, weil er einen Fundus von unterschiedlichen gestalterischen Ele-

Auch ein kleinformatiges Mosaikmerkmal wie dieses elegante Becken vermag ein gewöhnliches Badezimmer zu veredeln (links). Hier wurden Farben und Zeichnung des Objekts über die ganze Fläche ausgeweitet; selbst wenn dies nicht der Fall wäre, erschiene das Becken doch vollständig und angenehm, so daß es wirkungsmächtig für sich allein stehen könnte. Der Entwurf ist schlicht, klar strukturiert und in einem ruhigen, eingeschränkten Spektrum harmonischer Farben ausgeführt. Bei einem solch dienlichen Objekt ist es unerläßlich, daß die Mosaiksteinchen fest auf dem Unterbau haften und ein wasserundurchlässiger Mörtel verwendet wird (s. S. 14–15). Um der Hygiene willen sollten diese Steinchen so eben wie möglich sein und der Mörtel glatt in alle Zwischenräume gestrichen werden. Zur Säuberung verwenden Sie einen nichtscheuernden Creme-Reiniger; desinfizieren Sie regelmäßig, damit sich keine Keime an der Oberfläche einnisten.

Dieser überschwengliche Duschraum (rechts) ist zugleich verspielt wie praktisch. Er wurde zur Erzielung einer ansprechenden, zu den rhythmischen und stilisierten »kosmischen« Motiven passenden Stakkato-Struktur unter Anwendung der »Mosaikpflaster«-Technik mit groben Scherben von Haushaltskacheln dekoriert. Sofort fühlt man sich an Miró erinnert – ein Eindruck, der noch durch die als Grenzlinie des Mosaiks an der Wand serpentinenförmig aufsteigende Kurve gefördert wird. Wiederum ist die Wirkung ebenso zweckdienlich wie dekorativ, denn auf diese Weise wurde ein wasserdichter Duschbereich gewonnen, der sich vom Boden bis zur Decke erstreckt.

menten bietet, der leicht geplündert und an den modernen Ort der Körperreinigung angepaßt werden kann.

Weil Badezimmereinrichtungen und -anschlüsse zumeist fest installiert sind, erfordert die Frage, wer die Arbeit ausführen soll, eine ernsthafte Überlegung. Auch wenn Sie sich zutrauen, eine kleine, begrenzte Fläche abzudecken, kann die Vorstellung entmutigend sein, dies mit dem gesamten Raum tun zu müssen. In einem solchen Falle versichert man sich am besten einer Hilfe, etwa der eines professionellen Mosaik- oder Fliesenlegers. Von ersterem dürfen Sie einen angemessenen Beitrag zu Ihrer Planung erwarten (was auch tatsächlich unumgänglich sein mag), von letzterem einen eher geringen. Beide Male ist es unerläßlich, daß Sie Ihre eigene Vorstellung im Auge behalten: vorzugsweise haben Sie Ihren Entwurf ohnehin bereits zu Papier gebracht. Dieser kann im Laufe der Beratung noch Veränderungen erfahren, legt aber doch den Rahmen fest, innerhalb dessen die Arbeit nach Ihren Wünschen auszuführen ist. Wenn möglich, nehmen Sie von seiten Ihres Vertragspartners bereits ausgeführte Anlagen in

Dieses Duschraum-Beispiel aus Australien bietet ein phantastisches »Bodenpanorama« mit abstrakten See-Elementen, einer Hydra-Gestalt, einigen weißen, schwimmenden Meereswesen und einem – nicht dazupassenden – Auge. Von einem blauschwarzen »Riff« wird es in zwei verschiedene Farbfelder geteilt, die seine fesselnde, außergewöhnliche Zusammensetzung gliedern.

Hier wurde Mosaik sparsam in einer zarten Anlage verwendet, die Anleihen bei den Farben pompejanischer Arbeiten macht. Da die verschiedenen Elemente sorgfältig aufeinander abgestimmt wurden, ergibt sich eine äußerst harmonische Gesamtwirkung. Die Wandfarbe klingt in der Mosaikeinfassung wieder an, und Muschel- und Seestern-»Plastiken« beleben die einheitlich weißen Kacheln.

Augenschein oder lassen sich – falls dieser ein Mosaikschöpfer ist – eine Mappe mit seinen Arbeiten zeigen.

Gerade weil es sich um eine künstlerische Arbeit handelt, dürfen Sie auch die praktischen Belange nicht vernachlässigen. Ziehen Sie den gegenwärtigen Raumzustand in Betracht, bilden Sie sich ein Urteil darüber, ob der Verputz ausreichend solide ist, um das Gewicht einer Keramikverkleidung zu tragen. Finden Sie heraus, ob es Feuchtigkeit gibt, da diese nach der Verkleidung praktisch festsitzt. Prüfen Sie den Raum im Hinblick auf Durchlüftung sowie angemessene und schnelle Entwässerung, denn übermäßige Dampf- und Feuchtigkeitsentwicklung läßt Schimmel blühen; Wasser, das als Lache auf dem Mosaik steht, schwächt und verdirbt dieses.

Überlegen Sie auch, wie mosaikferne Elemente in die Anlage einzubeziehen sind; wägen Sie ab, welche Zemente und Mörtel angesichts der verwendeten Mosaikmaterialien – die nicht notwendigerweise aus Keramik bestehen – die geeignetsten und haltbarsten sind; führen Sie sogar einen kleinen Test mit dem Ziel durch, einen Belag zu finden, der glatt genug – zumal für Duschraumböden – ist. Alter weißer Mörtel kann schäbig, fleckig und schmuddelig aussehen, weshalb Sie klugerweise Ihren Mörtel färben oder andernfalls das Mosaik so dicht wie möglich verlegen.

Falls organische Elemente wie etwa Muscheln, Steine und Seesterne in Ihrer Anlage Platz finden sollen, so schrubben und desinfizieren Sie diese zuerst, um alle Bakterien abzutöten, trocknen sie gründlich und plazieren sie sorgfältig so, daß von ihnen weder eine Gefahr ausgeht noch sie leicht beschädigt werden können.

Sollte ein Wohnungswechsel nicht auszuschließen sein, so machen Sie sich auch Gedanken darüber, ob irgendjemand eine ungewöhnliche Ausstattung übernehmen wird; gestalten Sie sie lieber in einer Weise, daß sie relativ leicht entfernt werden kann, ohne dem Raumgefüge übermäßigen Schaden zuzufügen. Eine große, bunte Tafel über Ihrem Bad oder Toilettentisch wäre solch eine Möglichkeit. Ein Spritzschutz zum Beispiel (s. S. 76–77) ist viel leichter auf einem Brett anzulegen, das dann an die Wand geschraubt wird und ebenso leicht wieder entfernt werden kann, als direkt an der Wand selbst. Auch ein Mosaik-Spiegelrahmen vermag dem Badezimmer Individualität zu verleihen und kann leicht entfernt werden, um später Ihr neues Heim zu zieren.

Mit seiner auf blaue, türkise und grüne Mosaiksteinchen beschränkten Palette – mit gelegentlichen Spiegelglas-Blitzern – wirkt dieses französische Badezimmerbord fast wie bewegte See, ein durch das kitschige Reliefgemälde eines Dampfschiffes noch verstärkter Effekt; es wird zum Brennpunkt eines Sammelsuriums von Dingen, die alle mit dem Meer zu tun haben.

Phantastische Seestern-Fliese

Tessa Hunkin schwelgt in den satten Farben des Industriemosaiks; in diesen Tönen wirkt das kraftvolle, geradlinige Seestern-Motiv herrlich, das als großartiges Seestück ein jedes Badezimmer beleben würde. Es wurde hier die indirekte Methode angewendet: Die Mosaiksteinchen werden mit der Vorderseite nach unten verlegt; das ganze Objekt wird also von der Rückseite her bearbeitet (s. S. 18–19).

1

Materialien
- *Packpapier*
- *Keramik-Bodenfliese, 30 x 30 cm groß*
- *PVA-Kleber*
- *Industriemosaiksteinchen*
- *Fugenmörtel*
- *Schnellabbindender Zement-Fliesenkleber*

Werkzeuge
- *Holzkohle*
- *Schere*
- *Künstlerpinsel*
- *Mosaikzange*
- *Gummihandschuhe*
- *Krug*
- *Fugengummi*
- *Schwamm*
- *Zahnspachtel*
- *Fusselfreies Tuch*

1 Schneiden Sie ein Stück Packpapier genau in der Größe der Keramik-Bodenfliese zurecht. Zeichnen Sie die groben Hauptumrißlinien Ihres Entwurfes darauf mit Holzkohle, da diese nachträgliche Änderungen erlaubt. Markieren Sie die Breite des Einfassungsbereiches, indem Sie an jede Randseite jeweils ein Mosaiksteinchen setzen.

2 Wählen Sie die Farbe des Industriemosaiks aus. Tessa entschied sich für vier verschiedene, drei davon in zwei unterschiedlichen Tönen, ein Kunstgriff, der eine »Flimmer-« oder »Farbtextur« ergibt. Um Anzahl und Abstand der Mosaiksteinchen korrekt festlegen zu können, legen Sie eine Seite der Umrandung auf dem Papier ohne Verwendung von Klebstoff

2

3

4

5

aus. Mischen Sie PVA-Kleber mit der gleichen Menge Wasser und streichen ihn mit dem Künstlerpinsel auf. Kleben Sie nun drei Seiten der Umrandung fest; achten Sie darauf, daß die Mosaiksteinchen mit der Vorderseite nach unten zu liegen kommen (ein Bekleben der vierten Seite in diesem Stadium würde das Wegwischen von Glassplittern erschweren). Setzen Sie sodann das Seestern-Motiv unter Verwendung quadratischer Steinchen (s. S. 17): Kleben Sie zunächst den Umriß der Figur auf, wobei Sie die Steinchen nach Bedarf abschrägen. Wenn der Seestern fertig ist, fügen Sie das Algen-Motiv unter hauptsächlicher Verwendung von halben Steinchen ein. Darauf verlegen Sie die Hintergrundsteinchen, die in der Mehrzahl ganz bleiben, aber so »benagt« werden, daß sie um die fließenden Linien des Motivs passen (s. S. 20–21). Schließlich ergänzen Sie die vierte Seite der Umrandung.

3 Setzen Sie das Stück auf ein Bord über einen Heizkörper oder an einen anderen warmen Ort, wo es etwa 30 Minuten trocknen soll, bevor es von der Rückseite des Mosaiks her mit Mörtel bearbeitet wird (s. S. 17). Wischen Sie mit einem feuchten Schwamm die Oberfläche sauber, ohne sie zu durchnässen und legen Sie ein Brett als Stütze unter Ihr Werk.

4 Ziehen Sie Gummihandschuhe an, streichen reichlich schnellabbindenden Zement-Fliesenkleber gleichmäßig auf die glatte Oberfläche der Keramikfliese und gehen mit der Zahnspachtel darüber. Heben Sie die Fliese auf und legen sie mit der Klebeseite nach unten über das Mosaik. Drücken Sie fest auf die Fliesenrückseite. Wenden Sie die Kachel, so daß die Papierseite nach oben zu liegen kommt. Lassen Sie dieses »Sandwich« eine halbe Stunde ruhen.

5 Um den PVA-Kleber zu lösen, befeuchten Sie mit Hilfe eines nassen Schwammes gründlich das Papier und ziehen es ab. Entfernen Sie mit dem Schwamm von der Oberfläche alle Kleber- oder Fugenmörtelreste und lassen Sie das Stück einige Stunden trocknen (dies gilt, sofern Sie einen schnellabbindenden Kleber verwendet haben; ansonsten richten Sie sich nach den Hinweisen auf der Packung). Jetzt bearbeiten Sie das Mosaik noch einmal mit Mörtel und zwar von der Vorderseite her; vergessen Sie dabei nicht die Kanten! Füllen Sie alle Spalten, wischen mit einem feuchten Schwamm ab und lassen 30 Minuten trocknen. Das fertige Objekt polieren Sie schließlich mit einem sauberen, fusselfreien Tuch.

Flotter Fisch-Spritzschutz

Mosaik bildet einen so reiz- wie wirkungsvollen wasserundurchlässigen Belag und eignet sich daher ideal als Spritzschutz hinter Wasserhähnen in Küchen und Badezimmern. Dieses Stück, ein weiteres Beispiel für Martin Cheeks kraftvolle Arbeiten (s. a. S. 16–20 und 98–99), wurde unter Anwendung der direkten Methode (s. S. 16–17) ausgeführt und setzt sich hauptsächlich aus Industriemosaiksteinchen zusammen, mit denen sich sehr gut eine verhältnismäßig glatte Oberfläche erzielen läßt. Die Spannung in der Anlage der Steinchen (s. S. 20–21) ebenso wie Martins umfangreiche, buntgemischte Farbpalette entschädigen für alle Flachheit der Struktur.

Materialien

- *MDF- oder Sperrholzplatte (auf die Größe des Spritzschutzbereiches zurechtgeschnitten)*
- *Industriemosaiksteinchen*
- *Spiegelglasscherben*
- *PVA-Kleber*
- *Wasserundurchlässiger Fugenmörtel*

Werkzeuge

- *Holzkohle*
- *Säge*
- *Mosaikzange*
- *Spiegelaufhänger*
- *Schrauben und Schraubenzieher*

1 Das MDF- oder Sperrholzbrett muß den Spritzschutzbereich genau abdecken. Entscheiden Sie sich für ein passendes Motiv (s. S. 112–123), skizzieren Sie dessen Umrißlinien mit Holzkohle und rauhen Sie das Brett mit den Zähnen der Säge auf. Streuen Sie eine Auswahl von Industriemosaiksteinchen über den Entwurf, schieben Sie sie hin und her, bis sich angenehme Harmonien und Kontraste ergeben; denken Sie daran, daß die Farben nicht einheitlich, sondern aus einer Reihe unterschiedlicher Töne zusammengesetzt sein sollen. Für Glanzlichter im Hintergrund können Spiegelglasbruchstücke sorgen.

2 Halbieren Sie mit Hilfe der Mosaikzange eine Anzahl von Steinchen (s. S. 17) und kleben Sie diese mit PVA-Kleber rund um die schmale Außenkante des Bretts. Eine weitere Menge vierteln Sie und bauen daraus eine dreireihige Umrandung auf.

3 Formen Sie nach und nach das Motiv, wobei Sie die Steinchen halbieren, vierteln oder je nach Bedarf weiter zerkleinern. Verlegen Sie nun den Hintergrund, passen die das Motiv »umarmenden« Steinchen gemäß dessen Form an und setzen Sie von dort strahlenförmig ausgehende Reihen, die seine Gestalt wieder anklingen lassen (s. S. 20–21). Nach Vollendung des Bretts lassen Sie es eine Stunde trocknen, bearbeiten es mit Fugenmörtel (s. S. 17) und lassen es 24 Stunden ruhen. Schrauben Sie schließlich Spiegelaufhänger an die Rückseite (vergrößern Sie mit Hilfe von Unterlegscheiben den Abstand zur Wand, falls die Mosaiksteinchen überstehen) und befestigen Sie den Spritzschutz an der Wand.

1

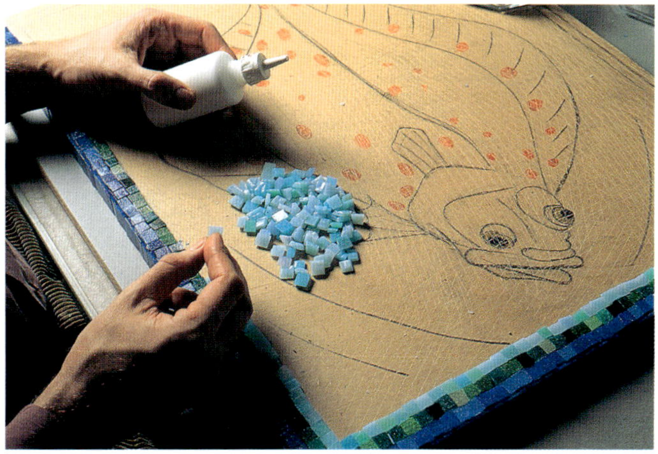

2

3

Küchen

Die Küche ist – so lautet ein gängiges Klischee – das Herz des Haushalts; leider ist dies in modernen Wohnungen zumeist nicht der Fall. Nach und nach haben die verhängnisvollen, auf Schachtel-Etagenwohnungen zugeschnittenen Einheiten Zutritt in nahezu alle Häuser gefunden und machen aus Küchen Laboratorien – praktisch, aber ohne Seele; leistungsfähig, aber abweisend. Durch Einsatz von Mosaik – und sei es in noch so beschränktem Umfang – kann dieses sterilste aller Interieurs nur gewinnen: an Persönlichkeit wie an Lebendigkeit.

In seinem Kern ist Mosaik nicht industriell, sondern individuell; zum Glück läßt es sich nur schwer standardisieren, und gerade daß es sich Normen verweigert, macht es für Küchen zu einem solchen Segen. Bis zu einem gewissen Grad sind alle Küchen gleich, indem sie die gleiche Grundausstattung teilen: Spülbecken, Herd, Kühlschrank und Arbeitsflächen; um die Aufmerksamkeit von diesen doch ein wenig langweiligen Gebrauchsgegenständen abzuziehen, bietet sich die Einführung von unterscheidenden Merkmalen an.

Das soll nicht heißen, daß Mosaik unpraktisch sei; es paßt einfach ausgesprochen gut in Küchen, denn es ist solide, hitzebeständig und leicht zu reinigen. Keramikmosaiksteinchen eignen sich am besten und verfügen – solange der Mörtel glatt und haltbar ist – über alle Vorzüge, die auch gewöhnlichen Fliesen zu eigen sind. Zudem »siedelt« Mosaik bereitwillig auf Holz, Metall und Putz und bringt auf wunderbare Weise Planungskatastrophen der Vergangenheit zum Verschwinden. Sogar wenig ansprechende Ausstattungen der 60er und 70er Jahre vermögen durch ein mit Bedacht angelegtes Mosaik an Stil und Klasse zu gewinnen. Sein kosmetisches Vermögen ist von besonderem Wert für den Fall, daß der Wohnungsinhaber keine Einbauküche wünscht, aber mit einigem unschönen, doch nützlichen Mobiliar gesegnet ist, das zum Wegwerfen zu schade ist.

Wenn auch Mosaik ganz selbstverständlich seinen Platz in der Küche

Nur ein Tag Arbeit ist erforderlich, um ein solch eindrucksvolles Küchen-Kleinod (links) zu schaffen, dem man weitere Mosaikobjekte ähnlichen Stils beigesellen kann, wenn man mag. Der Gebrauch von Tellerscherben stellt eine wirkungsvolle gestalterische Patentlösung dar.

Durch Anwendung von Mosaik verwandelt sich diese recht gewöhnliche Küche (links) in einen Tempel der Sinnesfreude, in dem Farbe, Geschmack und Struktur gefeiert und genossen werden. Dies ist die Art von Küchen, die mit der Vorstellung aufräumt, daß man Tausende von Mark für einen Raum ausgeben muß, auf den man stolz sein kann, denn diese hier ist die Ausstattung für den niederen Kassenstand: die Unterschränke - nach alter Sperrholzweise; das Spülbecken aus anspruchslosem, nichtrostendem Stahl; Wandelemente - einfach selbstgemacht. Auch das Mosaik fügt sich dem Budget, zumal durch Verwendung von zerbrochenem Porzellan, das im übrigen vollkommen im Einklang mit dem Charakter dieser ungewöhnlichen Einrichtung steht.

Ihr Schöpfer wurde eindeutig von Art déco-Farben und -Formen inspiriert und hat absichtlich die Wandelemente offen gelassen, um eine stattliche Ansammlung bunter Keramik vor den Augen auszubreiten. Sie geben die Tonart vor, dann die Kacheln und Mosaiken modulieren, die ersteren, indem sie Schwarz und Grün einbringen, letztere durch Zugabe von Schwarz und Gelb - kontrollierte Farbzusammenstellungen, die an die Glanzzeit des Art déco in den 20er und 30er Jahren erinnern. Eine vielschichtige Anlage wird durch diese Farbabstimmung vereinheitlicht.

findet - schließlich ist Keramik eigentlich ein Küchenmaterial -, sollte man seinem Einsatz doch einige gründliche Überlegungen widmen, denn nur sehr schwer ist eine mißlungene kosmetische Operation wieder rückgängig zu machen. Es ist dringend geboten, die Palette auf bestimmte Töne zu beschränken, um so die Farbigkeit unter Kontrolle zu halten sowie die abzudeckenden Bereiche im vorhinein festzulegen, statt das Mosaik sich ungehemmt über alle Flächen ausbreiten zu lassen. Ist dies schon eingetreten, kann das traurige Ergebnis nur sein, daß die Küche einen unordentlichen und - schlimmer noch - unhygienischen Eindruck macht. Eine maßvolle Verwendung von Mosaik ist deshalb gerade in Küchen wichtig.

Kitschiges Küchenbord

Candace Bahouth ist eine Mosaikschöpferin mit einer außergewöhnlichen Begabung für unvorhersehbare Verbindungen von Mustern und Farben, die, auch wenn sie sich nicht zu vertragen scheinen, doch zu einem »Neo-50er«-Stil zusammenfließen (s. a. S. 40, 84 und 108–111). Skurrile Geschirrauswahl verschafft Motiven aller Art Eingang in ihre Arbeit: Hier sorgen Tulpen und eine Sonnenblume für einen Brennpunkt in der Bordmitte. Wie auch immer die Beschaffenheit des ursprünglichen Geschirrs gewesen sein mag – interessant und anziehend wird es erst im neuen Zusammenhang. Das Farbschema ist nicht starr festgelegt, wenn auch helle und Pasteltöne sich sehr reizvoll in einer Küche ausnehmen.

Materialien
- *Holzbord*
- *Holzversiegler*
- *Keramikkacheln*
- *Bruchgeschirr*
- *Zement-Fliesenkleber*
- *Fugenmörtel*
- *Tempera- oder Acrylfarbe*

Werkzeuge
- *Bohrer*
- *Hammer*
- *Kunststoffspatel*
- *Fusselfreie Tücher*
- *Mosaikzange*

1 Bohren Sie Schraublöcher in das Bord und versiegeln Sie das Holz. Zerschlagen Sie mit einem Hammer die Keramikkacheln, die die Ablagefläche bedecken sollen, und verlegen Sie sie nach Art eines »Mosaikpflasters«, wobei Sie Zement-Fliesenkleber direkt aus der Tube dick mit einem Kunststoffspatel auftragen. Entfernen Sie im Verlauf der Arbeit allen überschüssigen Klebstoff mittels eines feuchten, fusselfreien Tuches.

2 Verlegen Sie das Bruchgeschirr über die hinteren und seitlichen Flächen sowie über die Bordränder; mischen Sie dabei sorgfältig Farben und Muster, damit sich eine lebendige Gesamtwirkung ergibt. Brechen Sie mit Hilfe der Zange je nach Bedarf genaue Formen und versuchen Sie, an den Kanten glatte Randstücke anzubringen. Wenn das Bord vollständig bedeckt ist, lassen Sie es 24 Stunden trocknen. Sodann bearbeiten Sie es mit Mörtel (s. S. 17), dem Sie nach Wunsch Tempera- oder Acrylfarbe beifügen können (s. S. 14–15). Polieren Sie mit einem feuchten, fusselfreien Tuch und lassen weitere 24 Stunden trocknen.

1

2

Außenanlagen

Äussere Erscheinungsformen

Kopfsteinmosaik

Grotten und Gartenmauern

Töpfe und Vasen

Mosaik und Wasser

Durch Ergänzung mit geeigneten Mosaikanlagen kann selbst der unscheinbarste kleine oder schattige Garten in einen persönlichen Rückzugsbereich verwandelt werden. Einfache Pflanztöpfe, Gefäße und Blumenkästen reichen aus, um eine einzigartige, anregende Atmosphäre entstehen zu lassen, und die Verbindung von Wasser und Mosaik – für die es vielfältige Möglichkeiten gibt – vermag zu zauberhaften Ergebnissen zu führen, die um Teiche, an Brunnen und in verschwenderischen Swimmingpools zutagetreten.

Sonnige Wintergärten oder Terrassen bieten ideale Gelegenheiten, Mosaik in Böden aus Hartgestein einzubauen. Hier hebt sich ein bewegtes Fisch-Motiv dynamisch gegen einen neutralen, grauen Hintergrund ab und scheint seine kraftvolle Farbigkeit über die Säule, um die es sich dreht, weiter hinauf auszudehnen.

Äussere Erscheinungsformen

An nahezu jeden Standort im Freien läßt sich ein Mosaik in idealer Weise anpassen. Es vermag als einzelnes Merkmal zu verschönern wie auch in Form von Kieselpfaden den gesamten Garten zu durchlaufen. Es ist dauerhaft, wetterbeständig und läßt sich auf so viele verschiedene Weisen anlegen, daß es im Hinblick auf Außendekoration als das anpassungsfähigste Medium gelten kann.

Ob unter den Füßen, an einer Wand oder als Verzierung auf einem Gefäß oder einer Skulptur – ein Außenmosaik sollte mit seiner Umgebung in einfühlsamer Wechselwirkung stehen, indem es sich gegen deren Farben und Strukturen abhebt oder diese ergänzt. Es könnte etwa in einem Garten fließende verschlungene organische Formen anklingen lassen, wohingegen in einem städtischen Rahmen geometrische, abstrakte angemessener und eindrucksvoller sein mögen. Will man nicht nur einen Klecks in die Landschaft setzen, so muß dieses Zusammenspiel sehr fein austariert werden. Offensichtlich gibt es keine strengen ästhetischen Regeln, an die man sich halten muß, aber eine sich der Einfachheit, dem Humor und der Verspieltheit verschreibende Konzeption ist einer Gartenumgebung allgemein zuträglicher als eine, die sich an großen Aussagen versucht.

Weil die Ausmaße der Anlage im Freien sich so stark unterscheiden, lassen sich keine allgemeinen Feststellungen hinsichtlich Art und Umfang der damit verbundenen Arbeiten treffen. Einen Blumenkasten verziert man fast auf die gleiche Weise wie einen gewöhnlichen Blumentopf (s. S. 102–103), wohingegen das Auslegen einer Kieselsteinplatte oder eines -weges nach einem eigens für Außenarbeiten entwickelten Verfahren geschieht (s. S. 90–93). Denken Sie genauer darüber nach, ob die Technik, die Sie anzuwenden beabsichtigen, der Funktion, Lage und Größe des Werkes angemessen ist und nehmen Sie Änderungen vor, wo diese nötig sind; etwa indem Sie sich für größere Mosaiksteinchen entscheiden, sich der indirekten statt der direkten Methode bedienen (s. S. 16–19) oder den Entwurf als solchen vereinfachen.

Vor allem die Farbbehandlung ist in Außenanlagen ein wichtiger

Reihen von sich überlappenden Muscheln bilden hier ein charakteristisches, klassisches »Schuppen«muster (links unten). Das angewandte Verfahren ist teils das der Fliesen-, teils das der Mosaikverlegung mit Schwergewicht auf letzterem, allein schon wegen der Umrandung aus Bruch-Spiegelglas, das den Effekt von auf dem Dach glitzerndem Regen nachahmt.

Candace Bahouths erlesene Urne (unten) ist die ideale Begleiterin für ihr Mosaik-Vogelbad (s. S. 108–111). Beide sind von wildem Überschwang gekennzeichnet, gleichwohl sehr sorgfältig auf Farben und Formen des Gartenstandortes abgestimmt – das Spiegelglas reflektiert buchstäblich den umliegenden Schauplatz, und rubinrote Mosaiksteinchen erweisen den andrängenden Beeren ihre Reverenz.

Der außerordentliche »Wasserschrein« von Cleo Mussi (rechts) führt vor, wie individuell Mosaik in einem privaten Garten angewendet werden kann. Eine bizarre Komposition von Einzelelementen wird durch vielfältige Mosaikmaterialien – von Spiegelglas bis zu ganzen Keramikkacheln – zusammengehalten.

Steven Sykes verwendet für seinen exotischen Brunnen (links) leuchtend bunte sowie Blattgold-Mosaiksteinchen auf vielfach interessante Weise: als Hintergrund in zufälligen Farbnachbarschaften, als Umrandung in abgetönten Farben; und an der Rückwand der unteren Schale schafft er ein sonnenähnliches Muster.

Cleo Mussis Wandtafel (unten) macht aus ihrer Position an sehr rauher Wand eine Tugend und grüßt gen Süden angemessen mit einem Sonnenmotiv.

Die größte Sonnenanbeterin aber ist wohl Maggy Howarth, zu deren frühesten Werken diese eindrucksvolle, flammende Sonne aus Kopfsteinpflaster gehört (rechts). Die von den Steinen gebildeten konzentrischen Muster lenken das Auge auf einen zentralen Brennpunkt (s. a. S. 90–93).

Punkt; sie hält wegen der wechselnden Schattierungen der natürlichen Umgebung oder der sich ständig ändernden Lichtverhältnisse besondere Probleme bereit. Harmonische oder einfarbige Töne wie die von Kieselsteinwegen oder Terrakotta-Mosaiksteinchen werden in kaum einer Umgebung störend wirken, aber auch das Feuerwerk der Natur nicht so aufreizend herausfordern, wie dies farblich vibrierende Smalten, Blattgoldteilchen, Spiegelglas und bunte Keramik tun.

Wenn Sie mit diesen auffallenden Materialien arbeiten, stimmen Sie sie auf irgendein verhältnismäßig beständiges, nahebeigelegenes Element ab. Achten Sie darauf, daß Sie am vollen oder gebrochenen Sonnenlicht teilhaben und berücksichtigen Sie die visuelle Wirkung aus verschiedenen Blickwinkeln. Wenn diese Grundvoraussetzungen beachtet werden, ist es unwahrscheinlich, daß das Mosaik grob geschmacklos oder unharmonisch erscheint.

Kopfsteinmosaik

Kiesel sind das älteste Mosaikmaterial, und es ist erwiesen, daß sie in dekorativer Arbeit seit etwa dem 8. Jahrhundert v. Chr. verwendet wurden. Später, vom Beginn des 3. Jahrhunderts v. Chr. an, setzten die Griechen große Pflastermosaiken mit farblich sorgfältig ausgesuchten Kieselsteinen zusammen; diese lebten sogar noch während der hellenistischen Periode als wichtiger Bestandteil der Mosaikkomposition fort, obwohl inzwischen die bunten Mosaiksteinchen in Würfelform (*tesserae*) aufgekommen waren.

Auf bescheidenerem Niveau sind in uns näherliegenden Jahrhunderten Kopfsteinwege und -pflaster zu einem Merkmal vieler Städte und Dörfer geworden, an dem sich Bürgerstolz und der Stand der örtlichen Handwerkskunst ablesen lassen. Glücklicherweise erleben diese alte Kunst und das traditionelle Handwerk durch öffentliche Aufträge für großformatige Arbeiten sowie durch das Aufleben des Interesses an zeitgenössischen Mustern gegenwärtig eine Wiedergeburt. Dekorative Kopfsteinwege tauchen häufig in Stadtgärten auf, wo sie großen gepflasterten oder betonierten Flächen neuen Reiz vermitteln.

Heute jedoch muß man sich anderen Fragen stellen, bevor solche Vorhaben in Angriff genommen werden können, denn es ist zu fordern, daß die Steine aus ökologisch unbedenklichen Quellen bezogen werden. Nicht länger dürfen private Raubzüge zwecks Beschaffung solcher Steinmengen wie der hier benötigten veranstaltet werden, und immer sollte man die Erlaubnis des jeweiligen Landbesitzers einholen, bevor auf irgendwelche Materialien zugegriffen wird.

Sammeln Sie die Steine einzig unter den Gesichtspunkten von Farbe und Gestalt und lassen Sie sich nicht durch Feinheiten in der Struktur ablenken, die ohnehin nicht wahrzunehmen sind, wenn der Weg aus einigem Abstand betrachtet wird. Sehr poröse oder weiche Steine sind selbst-

Das zarte klassische Muster von sich einrollendem Blattwerk macht den Reiz dieser eleganten Umrandung (links) aus, der durch den Gegensatz von rein schwarzen und weißen Kieselsteinen noch gesteigert wird; besonders schön bei Beeteinrahmungen in kleinen Blumengärten. Beachten Sie, daß die Kieselsteine im Umrandungsbereich ausgerichtet sind, jene die rein weiße Fläche ausfüllenden aber nach

dem Zufallsprinzip verlegt wurden. Reizvoll ist ein Kieselstein-Parterre in einem architektonischen Garten und dabei sehr leicht zu bewerkstelligen (links). Hier wurde Ziegelstein als strukturierendes Element in die Anlage fast auf die gleiche Weise eingefügt, wie die Griechen Bleibänder zur Trennung unterschiedlicher Mosaikbereiche verwendeten.

Das Guilloche-Motiv von zwei oder mehr sich wiederholt ineinander verschlingenden Bändern faßt auf elegante Weise runde Gartenobjekte wie Pfosten, Standbilder und große Gefäße ein (unten); das Muster ähnelt einem dicken Seil.

verständlich ungeeignet; nehmen Sie also nur harte und haltbare wie Feuer- und Granitsteine.

Ein Kopfsteinmosaik gleich welcher Größe an Ort und Stelle zu verlegen, ist beschwerliche Arbeit, weshalb sie am besten durch Facharbeiter nach Ihren Entwürfen ausgeführt wird; wenn von Ihnen selbst, dann abseits vom eigentlichen Standort und in vorgefertigten Abschnitten, die zusammengesetzt und verhältnismäßig rasch verlegt werden können (s. S. 90–93). Wegen des Gewichts der in Beton gefaßten Kiesel ist dieser Vorgang nichts für eine einzelne Person; kümmern Sie sich also um Beistand, und angesichts der Größenordnung der Arbeit übt man klugerweise zunächst an einem kleinen Vorhaben wie etwa einer Türschwelle, einem Wegdetail oder dem Randstreifen für ein Blumenbeet.

Pflasterplatte mit Kopfsteinmosaik

Maggy Howarth, die ursprünglich Entwürfe fürs Theater machte, wurde zu Kieselsteinmosaiken erstmals von den traditionellen Kopfsteinmustern inspiriert, wie sie immer noch in Dörfern in Lancashire (England) zu sehen sind, und von den außergewöhnlichen Pflastern, die sie in Spanien, Italien und Griechenland fand. Anfangs experimentierte sie mit einfachen geometrischen Motiven, ging aber bald zu anspruchsvolleren Arbeiten mit gegenständlichen Elementen wie Sternen, Monden, Sonnen, Fischen und phantastischen Tieren über, die alle aus einem umfangreichen Sortiment von Kieselsteinen entstanden. Einen Teil der Faszination, die ihr aus der Arbeit mit diesem Mosaiktyp zuwächst, macht ihre Freude an den Steinen selbst aus, die sie in riesigen Mengen sammelt (s. a. S. 86–87) und sorgfältig nach Größe, Farbe und Gestalt sortiert. Diese Merkmale bestimmen in hohem Maße die Art des entstehenden Mosaiks, denn Steine sind hier die einzigen Bestandteile der künstlerischen Palette.

Um im Atelier statt im Freien arbeiten zu können, hat Maggy ihre eigene indirekte Methode des Kopfsteinaufbaus entwickelt, mit der abschnittsweise in Hohlformen gearbeitet wird. Auch wenn dieses Verfahren weder technisch kompliziert ist noch ungewohntes Werkzeug erfordert, so liegen ihm doch erlernte Fertigkeiten zugrunde, weshalb für Anfänger ein einfaches Vorhaben wie eine Pflaster- oder Türschwellenplatte am besten geeignet ist. Kopfsteinmosaiken sind durchweg wesentlich größer als die übliche Arbeit mit Glas- oder Keramik-Mosaiksteinchen und natürlich sehr viel sperriger. Ungeachtet dieser Einschränkungen lassen sich in dem Medium aufsehenerregende Ergebnisse erzielen, die sich – dauerhaft auf Wegen oder Umrandungen präsentiert – zu Wahrzeichen entwickeln können.

Die fertige Kopfsteinpflasterplatte (links) wird am besten in einen Verbund aus trockenem Sand und Zement (im Verhältnis 3:1) gebettet und sodann mit einem Gartenschlauch abgespritzt, um die zur Aktivierung der Mischung nötige Feuchtigkeit zuzugeben. Die Platte sollte am besten in eine gepflasterte oder gemauerte Fläche eingesetzt werden, zweckmäßiger- wie reizvollerweise auch in einen quadratischen Rahmen aus Kieselsteinen, die dann beim Einlegen der Platte direkt in den Beton gesetzt werden. Das außergewöhnliche und harmonische Endergebnis – hier nach einem Regenguß – paßt gleich gut in einen Stadt- wie einen ländlichen Garten.

Der mehrfarbige Phönixkörper (ganz links), Detail aus einem größeren Kopfsteinmosaik von Maggy Howarth, macht deutlich, in welch umfangreicher Farben- und Formenvielfalt Kieselsteine zu finden sind; auch führt er die Bedeutung gerichteter Linien für die Anlage vor Augen.

1

Materialien

- *Harte Kiesel (z.B. Quarz, Granit, Kalkstein)*
- *Schieferstücke*
- *Trockener Sand*
- *Nichtschrumpfender Zement (Fugenmörtel)*
- *Zement*
- *Aggregat (80 mm-Kies)*

Werkzeuge

- *Weißes Papier, ausreichend, um einen Kreis von 90 cm Durchmesser abzudecken*
- *Holzkohle*
- *Dicke Polyethylenfolie*
- *Hohlformblöcke aus Holz*
- *Hammer*
- *Nägel*
- *Industriepalette oder dickes Brett*
- *Biegsame Pappe*
- *Fester Künstlerpinsel*
- *Wasserzerstäuber*
- *Eimer*
- *Schaufel*
- *Kelle*
- *Holzlatte*
- *Harte Haushaltsbürste*
- *Meißel*

1 Waschen und trocknen Sie die Kieselsteine. Ziehen Sie auf einem großen Bogen oder mehreren miteinander verbundenen Stücken Papier einen Kreis von annähernd 90 cm Durchmesser. Skizzieren Sie das Grundmotiv mit Holzkohle. Da Sie nach der indirekten Methode arbeiten, erscheint auf dem fertigen Stück der Entwurf umgekehrt. Merken Sie auf der Zeichnung die verschiedenen zu verwendenden Steinarten an und decken Sie sie mit Polyethylenfolie ab. Bauen Sie um den Entwurf eine kreisförmige Hohlform (auf der Folie) aus Holzblöcken von mindestens 10 cm Höhe. Nageln Sie diese auf eine kleine Industriepalette oder ein dickes Brett. Befestigen Sie mit Tesastreifen biegsame Pappe in passender Breite innen um die Hohlform, damit der Zement später nicht an den Holzblöcken kleben bleibt.

2 Arrangieren Sie die Schieferstücke über der Vogelzeichnung, um Übung im Abwandeln von Größe und Fließbewegung zu gewinnen.

2

4

3

5

Wenn die Konzeption des ganzen Vogels »steht«, entfernen Sie den Schiefer und streuen Sand über die gesamte Oberfläche, so daß die Zeichnung verdeckt ist.

3 Legen Sie das Vogelmotiv erneut aus; bürsten Sie dabei den Sand mit einem Pinsel weg, damit der Schiefer direkt auf das Polyethylen zu liegen kommt. Nun legen Sie die anderen Motive, sodann den Rand und schließlich den Hintergrund. Die Kieselsteine sollen hochkant stehen, eingebettet in den Sand, aber nur mit einer sehr dünnen Schicht zwischen ihren Auflagepunkten und der Kunststoffolie. Der Sand zwischen den Schieferstücken und zwischen den Kieselsteinen legt fest, wie weit diese aus dem Fugenmörtel herausragen; fegen Sie ihn also an die Steinränder und halten Sie ihn über die gesamte Zeichnung hinweg gleichmäßig dick.

4 Befeuchten Sie den Sand gründlich und gleichmäßig mit Hilfe eines Wasserzerstäubers. Nun rühren Sie etwa einen halben Eimer nichtschrumpfenden Zementbreis an (befolgen Sie die Angaben des Herstellers; nehmen Sie aber ausreichend kaltes Wasser, damit er recht dünnflüssig wird). Gießen Sie ihn schnell und gleichmäßig über die Steine und achten Sie dabei darauf, den Sand nicht zu verschieben. Wegen ihrer unterschiedlichen Größe sind einige Steine beinahe vollständig untergetaucht, während andere noch hervorragen. Wenn die gesamte Fläche mit einer 2 cm dicken Schicht bedeckt ist, dann klopfen Sie von unten an das Unterlagebrett, damit alle eingeschlossenen Luftblasen entweichen. Lassen Sie den Mörtel vier bis fünf Stunden ruhen, bis er sich kittähnlich verfestigt.

5 Vermischen Sie ein Teil Zement mit drei Teilen Zuschlagstoffen (Kies) und zwei Teilen Sand zu einer festen, fast trockenen Konsistenz. (Berechnen Sie die Menge für sechs große Eimer.) Schaufeln Sie den Zement über den Mörtel und streichen ihn mit einer Kelle glatt, bis er mit dem Rand der Hohlform ungefähr eine Ebene bildet.

Ziehen Sie eine lange Holzlatte über die Oberfläche und stampfen Sie dann den Zement zur Beschleunigung des Abbindens fest. Decken Sie mit Polyethylen ab und lassen alles mindestens 24 Stunden ruhen (48 bei kalter Witterung).

Entfernen Sie die Blockstützen und wuchten Sie die Platte auf die andere Seite. Waschen Sie allen Sand unter Einsatz von Wasser und einer Haushaltsbürste weg und meißeln Sie verbliebene Fugenmörtelstückchen ab. Lassen Sie die Platte vier Wochen unter Polyethylen trocknen, bevor Sie sie auslegen.

Grotten und Gartenmauern

Phantastisch sollte eine Grotte sein und Spaß muß sie machen. Die Gartenschöpfer der Renaissance ließen ihrer Phantasie die Zügel schießen und schufen außerordentliche Bauten mit wunderlichen rustikalen Details. Der Geschmack des 17. Jahrhunderts an Garten-»Einfällen« sowie die Entfaltung des »Pittoresken« während des 18. Jahrhunderts hatten eine anhaltende Mode Höhlen nachahmender, bizarrer Gebäude zur Folge. Das zerklüftete Innere dieser mit Besonderheiten wie herabtropfendem Wasser und Stalaktiten aufwartenden Konstruktionen war häufig mit außergewöhnlichen Felsbrocken, Muscheln und Halbedelsteinen ausgeschmückt – ja sogar mit Spiegelstücken, die mit ihrem Funkeln eine zauberische Stimmung schaffen sollten, ein Effekt, der oft durch eine wirkungsvolle atmosphärische Beleuchtung verstärkt wurde.

Kaum ein Gartenarchitekt würde heute etwas so Künstlerisches und Extravagantes wie diese theatralischen Schöpfungen aus vergangenen Jahrhunderten entwerfen wollen, aber der Wunsch zu bauen, zu erfinden und zu experimentieren lebt ebenso unvermindert fort wie der Drang, Außenwände und Bauwerke zu verschönern. Deshalb werden noch heute – wenn auch weniger aufsehenerregende – Grotten und Garten-Refugien in höchst persönlichen und mithin völlig unterschiedlichen Stilen erbaut.

Zwangsläufig handelt es sich

Dem Blick durch die Öffnung dieser Grotte im Grünen (oben) enthüllt sich eine sehr dekorative Mosaikkomposition, die mit der rauhen Außenseite des Bauwerks ganz und gar nicht übereinstimmt. Die Arbeit huldigt geradezu diesem Mißverhältnis, ihr Schöpfer macht sich eindeutig einen Spaß daraus, daß der funkelnde, geordnete Innenraum von außen unkenntlich ist. Die Innenanlage – ausschließlich mit ungleichförmigen (aber sorgfältig geordneten) Keramikkacheln ausgeführt – ist eine inspirierte Mischform aus klassischem Art nouveau- und 20er Jahre-Stil, die sowohl Blattarabesken wie eckige Sternformen aufführt. Die beabsichtigte Großartigkeit des Werkes wird unterstrichen durch eine beigegebene Jahreszahl, die von einer verhaltenen Mosaikkartusche gefaßt ist.

hierbei um sowohl große wie dauerhafte Konstruktionen, weshalb man sich vor dem Beginn solcher Unternehmungen darüber im klaren sein sollte, was sie im Hinblick auf Zeit- und Geldeinsatz bedeuten. Sofern nicht Mosaik an einem bereits bestehenden Bauwerk angebracht werden soll, müssen wahrscheinlich Architekten hinzugezogen werden, was im allgemeinen den größten Anteil bei den Kosten ausmacht. Pläne sind der Schlüssel zu einem zwingenden Arbeitsfortschritt; ohne sie ist man der Gnade der Auftragsnehmer ausgeliefert (und dem eigenen Gedächtnis!). Denken Sie auch daran, daß jedes Mosaik ganz wesentlich plastischer Natur ist und in drei Dimensionen angelegt wird, daß also das Verhältnis der Ebenen zueinander sowie der Eindruck aus verschiedenen Blickwinkeln wohl erwogen und bei Inangriffnahme jedweden Vorhabens in Betracht gezogen werden müssen.

Sind diese Hürden überwunden, so steht ein Riesenspaß beim Entwerfen und Ausführen einer modernen Grotte mit Mosaikschmuck bevor; man könnte zum Beispiel einen Alkoven in einer Gartenmauer mit Muscheln überziehen und ihm eine Mosaik-Sitzgelegenheit beigeben, auf der Muschelmotive durch Mosaiksteinchen dargestellt werden, oder ein kleines Steinbassin mit buntem sowie Spiegelglas einfassen und mit einem Mosaikbaldachin aus einer aufregenden Bruchgeschirrmischung überwölben.

Die Grotte hat ihre Ursprünge in klassischen Anlagen, denn die Römer selbst bauten solche Gartengewölbe, in denen Wasser zu ausgeklügelter Wirkung gelangte. Im 17. Jahrhundert waren die europäischen Gärten stark vom klassischen Einfluß geprägt: dies war besonders im Eingangsbereich der Grotten ersichtlich, wo man häufig über elegante Treppenfluchten auf eine Säulenfront zuging. Stephen Windsor Clives Mosaiksäulen (links) huldigen in Gestalt und Ausschmückung den römischen Ursprüngen: er verwendete nur verbürgte Materialien wie Kiesel, Marmormosaiksteinchen und ungeschnittenen Amethyst (oben).

Cleo Mussis funkelnde Wandplatten aus Bruchgeschirr und Spiegelglas (s. S. 96/97) verzaubern einen verschwiegenen Platz im Garten.

Mäandernde Mauerschnecke

Sein Interesse an einer lebendigen Umsetzung hat Martin Cheek dahin geführt, Arten des Mosaikeinsatzes zu erkunden, die komisch, verspielt und unerwartet sind (s. a. S. 16–20 und 76–77). In dieser Arbeit wird Bewegung durch den aus Spiegelglas gebildeten Silberfaden dargestellt, der eine Schneckenspur nachahmt. Die Idee zu einer langsam an einer Mauer ihren Weg nehmenden Schnecke steht in der großen Tradition von Gartenornamenten und Skurrilitäten, deren einziger Zweck Ausschmückung und Belustigung ist. Auf diese Weise könnte man ebensogut andere Tiere darstellen, wie etwa Raupen, Spinnen, Vögel (s. S. 112–123), aber auch Blattwerk in Mosaikform – als höchste Vollendung der immergrünen Pflanze.

Materialien

- *MDF- oder Sperrholzplatte*
- *Industriemosaiksteinchen*
- *Goldene und silberne »geriffelte« Smalten*
- *Zement*
- *Scharfer Sand*
- *Zerbrochenes Spiegelglas*

Werkzeuge

- *Packpapier*
- *Paketklebeband*
- *Mosaikzange*
- *Gummiarabikum*
- *Kelle*
- *Skalpell*
- *Schwamm*
- *Fusselfreies Tuch*

1

3

2

4

1 Schneiden Sie aus einer MDF- oder Sperrholzplatte ein Stück, das deutlich größer ist als die Schnecke werden soll (ihre Spur ausgenommen) und breiten angefeuchtetes kräftiges Packpapier darüber, das Sie mit Paketklebeband befestigen. Zeichnen Sie den Schneckenumriß auf das Papier – seitenverkehrt, da hier nach der indirekten Methode gearbeitet wird –, vierteln Sie einige der Industriemosaiksteinchen und legen Sie sie an Ort und Stelle aus, um einen Eindruck von ihrer endgültigen Wirkung zu gewinnen. Arbeiten Sie von der Gehäusemitte spiralförmig nach außen, wobei Sie jedes Mosaiksteinchen mit Gummiarabikum festkleben – jetzt aber mit der Vorderseite nach unten (auch die metallischen). »Benagen« Sie die Steinchen teils zu spitz zulaufender Gestalt, die der Gehäusebiegung Rechnung trägt. Lassen Sie nach Fertigstellung die Schnecke mindestens eine Stunde trocknen.

2 Zur Vorbereitung der Mauer mischen Sie fünf Teile scharfen Sandes mit einem Teil Zement an und fügen soviel Wasser hinzu, bis die Mischung eine feste, aber formbare Konsistenz hat. Sodann geben Sie sie mittels einer Kelle großzügig auf den Mauerbereich, in dem die Schnecke mit ihrer Spur Platz finden soll; drücken Sie die Mischung dabei fest auf die Ziegelsteine (oder auf entsprechend anderes Oberflächenmaterial). Entfernen Sie allen Überschuß, begradigen den Zementauftrag (an den Übergängen mit der Kellenspitze) und lassen über Nacht trocknen; falls es nach Regen oder Frost aussieht, decken Sie den Mauerbereich mit einer Polyethylenfolie ab.

3 Schneiden Sie mit Hilfe eines Skalpells die Schnecke aus dem Packpapier mit einem Randüberstand von etwa 2,5 cm. Machen Sie weiteren Zement an und geben Sie mit der Kelle eine 1 cm dicke Schicht auf eine Fläche, die ein wenig größer als die Schnecke ist (ihre Spur ausgenommen). Warten Sie 10 bis 20 Minuten ab, die Zeit, in der der Zement anzieht, und drücken dann die Mosaikoberfläche fest in ihn hinein, wobei Sie auf das rückwärtige Papier klopfen. Kratzen Sie allen überschüssigen Zement ab, entfernen jedoch das Papier nicht. Geben Sie eine frische, einen Zentimeter dicke Zementbahn auf den Bereich der Schneckenspur, in die Sie direkt rasch die Spiegelglasscherben hineindrücken.

4 Führen Sie nach drei Stunden einen nassen Schwamm über das rückwärtige Papier und ziehen es behutsam ab. Kratzen Sie alle Zementreste von der Oberfläche der Mosaiksteinchen und polieren Sie mit einem fusselfreien Tuch.

Töpfe und Vasen

Ob Sie einen Blumenkasten, einen kleinen Blumentopf (s. S. 102–103), eine große Urne oder einen eher ungewöhnlichen Gegenstand wie eine alte Badewanne, ein Spülbecken oder einen Schornsteinaufsatz verzieren – was den Reiz dieser Gefäße im Freien ausmacht, liegt auf der Hand: der Umfang eines jeden Vorhabens ist überschaubar; das Endergebnis ist normalerweise frei beweglich; schließlich ist die Verbindung von Pflanzenwuchs und Mosaik vielversprechend.

Bei allen Außenmosaiken bedient man sich vernünftigerweise wasser- und frostbeständiger, den Unbilden der Witterung widerstehender Zemente und Fugenmörtel und setzt die Mosaiksteinchen so tief wie möglich ein. Solche praktischen Erwägungen sind im Hinblick auf Gefäße, die bepflanzt werden sollen, von noch größerem Gewicht, zumal sie von innen her durch Wurzelausbreitung und Feuchtigkeit unter zusätzlicher Belastung stehen. Im Idealfall sollte ein mit Kompost gefülltes Gefäß genügend Feuchtigkeit für die Pflanze zurückhalten können, so daß diese nicht – außer im Sommer – täglich gegossen werden muß. Am besten stellt man daher in Terrakotta- oder Tongefäße kleinere PVC- oder Fiberglastöpfe, die das Wasser besser speichern und dadurch verhindern helfen, daß das Mosaik wegen übermäßiger Feuchtigkeit abfällt. Unglasierte Töpfe sollten zwecks Vermeidung von Frostschäden im Winter hereingeholt oder abgedeckt werden. Zement-Kunststein ist zwar unverwüstlich, es geht ihm aber durchweg die reizvolle Patina der Tongefäße ab.

Jede Mosaikverzierung sollte einfühlsam auf die Größe der ausgewählten Gefäße sowie auf Farben und Formen ihrer unmittelbaren Umgebung abgestimmt sein; zudem nicht zu kompliziert sein und für den Fall, daß das Gefäß nur zum Teil bedeckt werden soll, mit Mosaiksteinchen ausgeführt werden, die seiner Grundfarbe und Struktur schmeicheln (s. S. 84–85).

Mosaik ist in diesem außergewöhnlichen Garten (rechts) das Leitmotiv, das die Mauer zu anderen dekorativen Elementen, wie dem kugelförmigen Topf, in Beziehung setzt. Es wurden einige Keramikkacheln von gleicher Farbe und Art in beiden verwendet, eindrucksvoller aber wirken die abstrakten, geometrischen Farbflächen auf der Rundung, wo die konvexe Gestalt das Spiel des Lichtes hervorhebt. Entscheidend ist hier der Gegensatz an sich, und größer könnte der Kontrast von scharfen und flachen, gelben und unverfugten Keramikscherben mit der glatten Haut der runden, schwarzen Kacheln gar nicht sein.

Ein idyllischer Balkon am Mittelmeer wird noch schöner, wenn eine elegante Tonvase auf ihm Platz findet (oben), die die Textur der getünchten Mauer einfühlsam aufnimmt. Bruchgeschirr und Terrakotta verbinden sich mühelos mit den glatten organischen Formen der Steine und Muscheln zu einer harmonischen Mosaikstruktur, die in sanften Wirbeln an der Vase herabfließt.

Sterngeschmückter Blumentopf

Die Arbeiten Cleo Mussis, eine der schöpferischsten und angesehensten Mosaiklegerinnen der Gegenwart (s. S. 24–25, 68–69, 85, 96–97 und 105), umfassen alle Größenordnungen; besonders aber liebt sie die Herausforderung durch den bescheidenen Blumentopf, ist er doch ein »unbeschriebenes Blatt«, wo Aussage und Stil einzig durch die Muster, Farben und Strukturen des Mosaiks gewinnen.

Es gibt keinen Grund, warum Ihre Töpfe weniger unverwechselbar geraten sollten als der hier gezeigte. Bedenken Sie, daß die Musterung mit dem Blattwerk in Konkurrenz tritt und legen daher die Zurückhaltung bei der Motivauswahl ab. Geben Sie den Mosaiksteinchen einen festen fesselnden Rhythmus vor: Elementare geometrische Motive führen am ehesten zum Erfolg. Sie könnten es – wie hier geschehen – mit einem Stern versuchen; ebenso reizvolle Ergebnisse aber lassen sich mit anderen klaren, einfachen Formen erzielen, die man dann durch Verwendung sehr unterschiedlichen Geschirrs noch ausarbeiten kann, aber auch mit Hilfe des Fugenmörtels selbst, der so gefärbt wird, daß er entweder zum ausgeführten Muster paßt oder sich von ihm abhebt (s. S. 14–15).

Solch kleinformatige Vorhaben erlauben den Einsatz wirklich interessanter Mosaiksteinchen, denn schon ein zerschlagener Teller liefert bereits alle benötigten Stücke von einer bestimmten Farbe oder einem Muster. Je größer das Vorhaben, desto bekümmerter der Blick auf die häusliche Keramik, denn wer kann sich schon erlauben, ein vollständiges Eßservice zu zertrümmern? Kleinere Arbeiten bieten die ausgezeichnete Gelegenheit, zufällig angeschlagenes oder zerbrochenes Porzellan einzusetzen – ein Fall von »grüner« Entsorgung und deshalb gerade Blumentöpfen und anderen kleinen Gartengefäßen angemessen.

1

2

Materialien
- *Terrakottatopf*
- *Haushaltslackfarbe*
- *Bruchgeschirr*
- *Wasserbeständiger Zement-Fliesenkleber*
- *Fugenmörtel*
- *Tempera- oder Acrylfarbe*

Werkzeuge
- *Kleiner Haushaltspinsel*
- *Kreide*
- *Mosaikzange*
- *Biegsames Füllmesser*
- *Gummihandschuhe*
- *Zahnbürste*
- *Fusselfreies Tuch*

3

1 Bemalen Sie den Topf gleichmäßig mit Lackfarbe Ihrer Wahl; malen Sie über den Rand weit ins Innere, um den Eindruck einer vollständigen Glasur herzustellen.

2 Zeichnen Sie die Grundlinien des Musters locker mit gewöhnlicher Schulkreide direkt auf den Topf. (Haben Sie sich für eine helle Farbe entschieden, so verwenden Sie bunte Kreide.)

3 Legen Sie die Bruchgeschirrstücke auf, indem Sie wasserbeständigen Zement-Fliesenkleber mittels eines biegsamen Füllmessers dick auf die Rückseite der Mosaiksteinchen schmieren, die Sie mit Hilfe der Zange in die gewünschte Form gebracht haben (s. S. 17).

4 Lassen Sie den Topf 24 Stunden trocknen; rühren Sie sodann Fugenmörtel an (s. S. 17), färben ihn mit Tempera- oder Acrylfarbe (s. S. 14–15) und tragen ihn dick über die Mosaikoberfläche auf, wobei Sie Gummihandschuhe tragen sollten. Reiben Sie sofort den Überschuß mit einer Zahnbürste ab und polieren Sie nach 24 Stunden mit einem fusselfreien Tuch.

4

Mosaik und Wasser

Über Tausende von Jahren hat Wasser – in Form dünner Rinnsale wie gewaltiger Seen – mit seiner Bewegung, seinem Funkeln und Spiegeln wie seinem beruhigenden Laut die Gärten belebt. Brunnen, Teiche und Kanäle wurden in Europa im 13. Jahrhundert beliebt und entwickelten sich bis zum 17. Jahrhundert zu bestimmenden und häufig spielerischen Elementen vieler Gartenanlagen.

Heute, seit dem Aufkommen der versenkbaren, elektrischen Pumpen und elastischen Teichfolien ist die Mechanik der Wasseranlage weniger bedeutsam, als es ihre Unverwechselbarkeit und ihr ästhetischer Reiz sind, und Mosaik hat sich als eines der geeignetsten Mittel für ihre Ausschmückung erwiesen. Keramik- und Glasmosaiksteinchen sind durchweg wetter- und wasserbeständig und decken geschwungene wie ebene Oberflächen gleichermaßen wirkungsvoll ab. Solcher Mosaikgebrauch erlaubt zudem, auf die natürlichen Farbvorkommen wie auf das Spiel des Lichtes auf dem Wasser einzugehen. Für die meisten modernen Gärten eignen sich kleine Anlagen am besten, die von einfachen Vogelbädern (s. S. 108–111), Trögen und Ablaufrinnen, Bächlein, Miniaturwasserfällen bis zu Teichen und Bassins reichen können. Sofern das Becken der letzteren flach ist, läßt es sich vollständig mit Mosaik auskleiden, das – untergetaucht – zu einem fließenden, bewegten Muster wird; ist das Becken tief, so faßt man seine Ränder mit Mosaiksteinchen, deren Farbe auf die Wasseroberfläche zurückgeworfen wird.

Unabhängig davon, ob ein Mosaik aus dem Wasser ragt oder zum Teil verdeckt ist, muß man sich Gedanken über die Bepflanzung der Anlage machen. Hinsichtlich Struktur und Blattwerk sind Pflanzen, die am Wasser wachsen, einzigartig, und man sollte diese Eigenschaften – zumal die der besonders reizvollen Schilfgewächse, Farne, Riedgräser und Schwertlilien – voll ausschöpfen.

Den Luxus eines mit Mosaik ausgeschmückten Schwimmbades kön-

Eine Wasser und Mosaik verbindende Anlage entfaltet in einer Gartenumgebung einen ganz eigenen Charakter. Vom neobyzantinischen Mystizismus (ganz links) bis zu Cleo Mussis witzigem Brutalismus und Buntglas-Ensemble (links und oben) führen diese Beispiele vor, wie charakteristisch einzelne Bearbeitungen sein können.

Dieser von Mauern umgebene Mittelmeergarten (links) schließt eine Oase schwelgerischer Freuden ein, die durch eine phantasievolle, sinnliche Mosaikanlage bestimmt wird. Ein Sonnenrad im Art déco-Stil am Kopfende des Schwimmbeckens umgibt zwei in ekstatischer Umarmung verbundene Wassernymphen. Dieses Motiv ergänzt das kühnere, geometrisch runde in Blau und Schwarz im Becken selbst, das seine Inspiration aus römischen Quellen zieht. Die folkloristischen Nixenfiguren rundum vervollständigen das eklektische Ensemble zu einem Lobpreis auf ihre schöne Gestalt unter Wasser. Hier wird ein gewöhnliches, rechteckiges Schwimmbad durch ein Mosaik zu einem unverwechselbaren persönlichen Paradies.

Dieses opulente Schwimmbad (rechts) steht trotz ansprechender Formgebung doch in rechtem Kontrast zur gepflasterten und gefliesten Terrasse, von der alles Grün verbannt wurde. Wäre da nicht die aufregende Mosaikverkleidung am Beckenboden, das Ganze wirkte steril und abweisend. Als mystische, halb-abstrakte, halbgegenständliche Anlage ist sie von einer Monumentalität, die in Einklang mit dem ausladenden Schauplatz steht, zudem von einer Erlesenheit der Farbe, die den Pool zugänglicher und einladender macht. Der Mosaikschöpfer hat auf die Widerspiegelungen der umstehenden Palmen mit einem sanften Blätterspiel im Mosaik selbst geantwortet, und dieses zarte Echo trägt zur Dämpfung der synthetischen Terrassenfarben und -strukturen bei.

nen sich nur wenige Leute leisten. Zur gängigen Verarbeitung von blauen oder ultramarinfarbenen Fliesen bietet Mosaik aber eine phantastische Alternative. Es läßt sich auf sehr unterschiedliche Weise anwenden: als exotische Einfassung oberhalb der Wasserlinie oder rundum auf dem Beckenrand; an den Wänden oder auf Bodenabschnitten des Beckens; zur Darstellung von Motiven auf angrenzenden Mauern und Stufen; oder als vollständige Verkleidung der gesamten Fläche. Da die Farbe des Belages diejenige des Wassers bestimmt, sollte man sich für einen Entwurf entscheiden, zu dem maritime Farben passen und der so kraftvoll ist, daß ihm die durch Brechung und Spiegelung verursachten Verzerrungen nichts anhaben können.

Himmelblaues Vogelbad

Candace Bahouth besitzt ein »Organ für unverhoffte Kleinigkeiten«; sie fühlt sich durch seltsame, verrückte und kitschige Keramiken angezogen, die sie in ihren ungewöhnlichen Mosaiken so zusammenbringt, daß sie verblüffend und oftmals komisch wirken. Als Textilentwerferin verfügt sie über ein unfehlbares Auge für Muster- und Farbmischungen und weiß aufregende Mosaiken aus den unwahrscheinlichsten Quellen zu speisen: Überreste einer Kaffeekanne aus den 50er Jahren, ein Teeservice aus der Massenproduktion und eine Terrine aus dem 19. Jahrhundert geraten so unversehens in Tuchfühlung miteinander (s. a. S. 40, 80–81 und 84).

Man könnte meinen, daß für eine so eklektische Mosaiklegerin ein Vogelbad kaum der Beachtung wert ist; aber gerade diese Art solider, zuverlässiger Alltagsgegenstand ist es, die Candace reizt. Ihn umzuwandeln stellt eine Herausforderung dar, der sie nicht zu widerstehen vermag: Ist er von nichtssagender Farbe, so strahlt er bald in vollem provençalischem Blau; ist er von klassisch-schlichter Gestalt, so wird nahezu seine gesamte Oberfläche ausgeschmückt; ist er für einen idyllischen ländlichen Garten bestimmt, so wird er mit dekadenten rubinroten Steinen und blitzendem Spiegelglas übersät. Das fertige Objekt verkörpert eine Stilverschmelzung, wie sie – überraschend vielleicht – in einer Landhausgarten-Atmosphäre nicht angenehmer und reizvoller sein könnte. Candace hat einen eleganten und verführerischen blauen Swimmingpool gestaltet; daß es aber einer für Vögel ist, darf als sanfter Seitenhieb auf das Statussymboldenken wie auch als ein Akt der Huldigung an die rechtmäßigen Eigner des Gartens gelten.

Candace arbeitet sehr spontan; sie legt ihren Entwurf nur in knappster Form im voraus fest und freut sich der Möglichkeit glücklicher Zufälle und Wirkungen. Am liebsten verschafft sie sich ihre Mosaiksteinchen auf die Art, daß sie Geschirrstücke mit einem Hammer zerschlägt, weil sie so Scherben von unvorhersehbarer Gestalt erhält; sie müssen nicht genau aneinanderschließen; Unregelmäßigkeit sorgt sogar für einen »Mosaikpflaster«-Effekt, was das Stück kraftvoll und munter wirken läßt. Lücken kann man immer mit kleineren Stücken ausfüllen und das ganze Werk durch Bearbeitung mit Fugenmörtel homogen gestalten.

Dieses aufregende blaue Vogelbad (links) hebt sich deutlich von den Grün- und Rottönen eines Vorfrühlingsgartens ab und scheint doch diesen eher zu ergänzen, als daß es aufdringlich wirkte. Die Mosaikverzierung beschwingt den festen, klassischen Umriß und antwortet auf die Fülle der umgebenden Natur. Der Beckenrand (oben) ist mit roten und grünen Mosaiksteinchen übersät, die tief in dicken, blauen Fugenmörtel eingelassen sind. Die prachtvolle Wirkung setzt sich bis in die Schale selbst fort, wo rote Mosaiksteinchen gleich Votivpfennigen über den funkelnden Wirbel aus Spiegelglas verstreut sind.

Materialien
- *Beton-Vogelbad aus der Massenproduktion*
- *Bruchgeschirr*
- *Wasserbeständiger Zement-Fliesenkleber*
- *Tempera- oder Acrylfarbe*
- *Zerbrochenes Spiegelglas*
- *Widerstandsfähige Außenfarbe*

Werkzeuge
- *Schutzbrille*
- *Hammer*
- *Gummispachtel*
- *Mosaikzange*
- *Nagelbürste*
- *Fusselfreies Tuch*
- *Holzkohle*
- *Gummihandschuhe*
- *Haushaltspinsel*

1

2

1 Als Modell dient ein gänzlich unbehandeltes, gewöhnliches Vogelbad, wie Sie es in den meisten Gartenzentren kaufen können. Wählen Sie eine möglichst schlichte Form, denn je verschnörkelter diese ist, um so schwieriger gestaltet sich das Aufbringen der Mosaiksteinchen. Die meisten Vogelbäder werden aus zwei oder drei Stücken zusammengesetzt; ein jedes sollte vor Arbeitsbeginn gründlich ausgetrocknet sein.

2 Zerschlagen Sie mit einem Hammer auf einer harten Arbeitsfläche das Geschirr in ziemlich große Scherben (Schutzbrille tragen). Rühren Sie soviel wasserbeständigen Zement-Fliesenkleber an, daß Sie etwa die halbe Außenschale abdecken können (drei Teile Kleber auf ein Teil Wasser). Sobald die Mischung die Konsistenz von Kuchenteig erreicht hat, geben Sie sie direkt auf die Schale.

3 Legen Sie die Mosaiksteinchen nach Art eines Puzzles dicht aneinander, wobei Sie an der Kante einen Rand frei lassen. Alle Lücken lassen sich mit kleinen Splittern füllen; die Mosaikzange ist hilfreich für den Fall, daß Sie Stücke in besondere Formen bringen müssen. Ein jedes dieser Füllstücke bestreichen Sie am besten einzeln mit Klebstoff, um den Halt zu verstärken. Machen Sie sich die Rundungen dieser Teilchen für die entsprechenden Bögen auf der Werkoberfläche zunutze und lassen Sie keine Grate vorstehen, an denen man sich schneiden kann. Bei Unterbrechung der Arbeit lassen Sie die Schale an einem trockenen Ort. Rühren Sie je nach Bedarf noch mehr Klebstoff an.
Wenn Sie die Außenseite der Schale abgedeckt haben (mit Ausnahme des Randes an der Kante), lassen Sie sie mindestens 24 Stunden trocknen; bearbeiten Sie sie dann mit derselben Klebermischung – gefärbt mit Tempera- oder Acrylfarbe – in der Weise, wie bisher mit Fugenmörtel verfahren wurde (s. S. 17). Entfernen Sie allen Überschuß, zunächst mit Hilfe einer trockenen Nagelbürste und dann mit einem fusselfreien Tuch. Lassen Sie bis zum Abbinden trocknen.

3

4

4 Skizzieren Sie mit Holzkohle eine Spirale im Schaleninneren, über die Sie dann dick mit Klebstoff bestrichene Spiegelglasscherben verlegen. Die Bruchstellen des Spiegelglases sind sehr scharf, so ist selbst bei Benutzung der Mosaikzange höchste Sorgfalt erforderlich, und es ist eine Schutzbrille zu tragen. Wenn die Spirale fertiggestellt ist, füllen Sie die umgebende Fläche mit Bruchgeschirr auf (den Rand bis zuletzt freilassen). Nun sortieren Sie soviel Randstücke – das sind solche Stücke, die selbst Ränder haben – wie möglich aus und verlegen diese so, daß sie leicht über die Innen- und Außenkante der Schale herausstehen. Den verbleibenden freien Zwischenraum füllen Sie danach mit rechteckigen, randlosen Stücken. Lassen Sie wiederum alles 24 Stunden trocknen und bearbeiten dann das Schaleninnere um und über die Kante in der bekannten Weise mit Fugenmörtel.

5

5 Nachdem Sie alle weiteren dafür vorgesehenen Stellen mit Mosaik verziert haben (etwa den Unterbau), streichen Sie die Balustersäule mit widerstandsfähiger Außenfarbe. Nach dem Trocknen setzen Sie das Vogelbad für mindestens drei Tage an einen warmen, trockenen Ort. Polieren Sie die Mosaikoberflächen mit einem feuchten, fusselfreien Tuch.

Anhang

MOTIVE

Anregungen für Mosaikentwürfe lassen sich aus allen möglichen Quellen nehmen, so aus der Photographie, den Textilien und den Schönen Künsten; am leichtesten ist aber häufig das Arbeiten nach einfachen, grafisch dargestellten Motiven. Dieser Abschnitt liefert eine praktikable Auswahl genau solcher Musterschablonen, die – kraftvoll in Schwarz und Weiß gehalten – Ihnen vielfältige Anregungen bietet, Sie aber nicht auf die Verwendung bestimmter Mosaiksteinchen, Farben, Motivverbindungen oder zu verzierender Gegenstände festlegt.

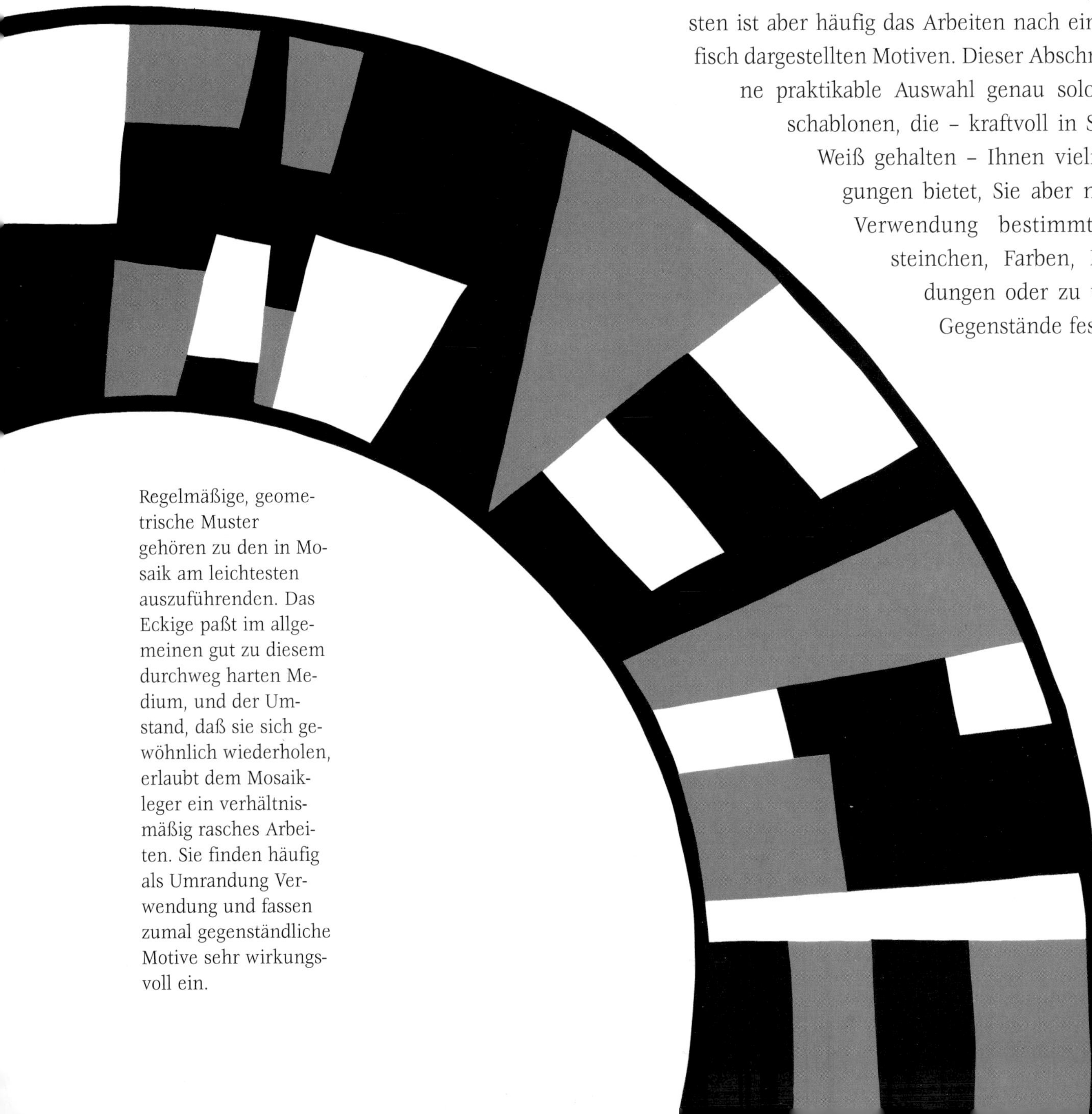

Regelmäßige, geometrische Muster gehören zu den in Mosaik am leichtesten auszuführenden. Das Eckige paßt im allgemeinen gut zu diesem durchweg harten Medium, und der Umstand, daß sie sich gewöhnlich wiederholen, erlaubt dem Mosaikleger ein verhältnismäßig rasches Arbeiten. Sie finden häufig als Umrandung Verwendung und fassen zumal gegenständliche Motive sehr wirkungsvoll ein.

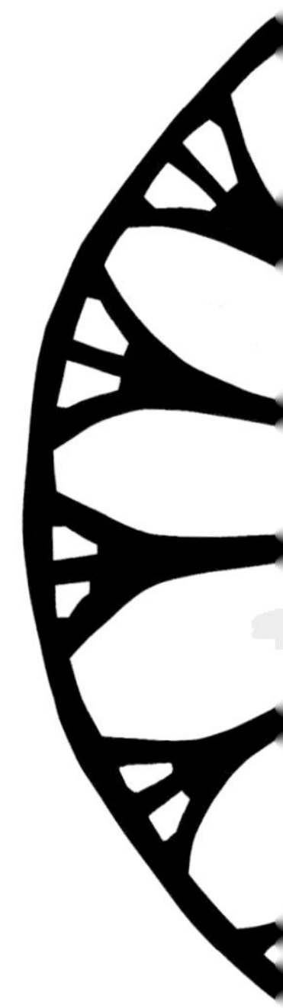

Stilisierte Blütenmotive bringen einen geringfügig komplizierteren Schneideaufwand mit sich als geometrische Muster (s. S. 112–113); aber meist läßt sich das Abschrägen und -runden der Mosaiksteinchen mit Hilfe der Mosaikzange erledigen. Denken Sie auch daran, daß der optische Eindruck einer Biegung oftmals mit einer Reihe gerader, schräg aneinandergesetzter Kanten erreicht werden kann. Füllen Sie ruhig alle sich ergebenden Lücken mit Mörtel, dem Sie aber, falls diese zu sehr auffallen, eine Farbe beimischen.

Bei den Griechen und Römern diente Mosaik als wesentliches Mittel zur Verschönerung von Wänden und Böden, ja ganzen Pflasteranlagen (s. S. 8–9). Es gibt daher klassische Motive in großer Fülle, die sich bei Mosaiklegern heute noch außerordentlicher Beliebtheit erfreuen.

Tiermotive gehören zu
den in diesem Medi-
um am häufigsten be-
nutzten (s. S. 54–55,
90–93 und 98–99) und
sind – falls sie schlicht
gehalten werden –
äußerst wirkungsvoll.
Wie die mexikanische
Bordüre (unten) zeigt,
sind die vertrauten
Formen auch noch als
sehr schematisierte er-
kennbar.

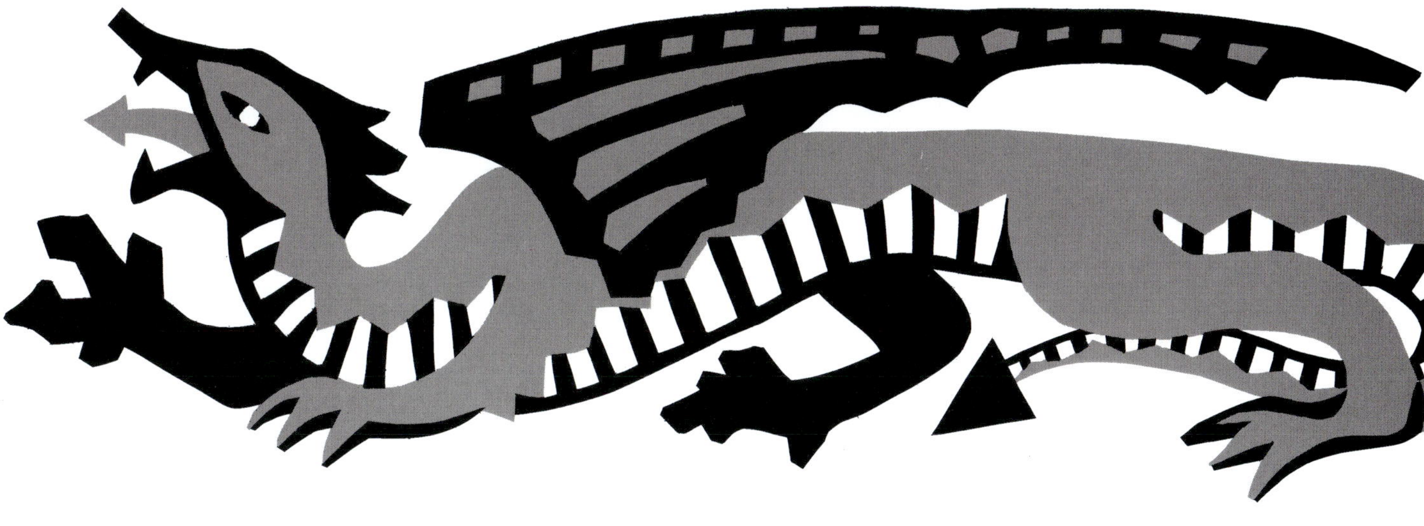

Sterne, Sonnen, Monde und Planeten sind sehr kraftvolle Motive mit starkem symbolischem Gehalt. Sie eignen sich ebenso für kleine Gegenstände, denen sie eine spirituelle Dimension mitteilen, wie in ihrer ausgeprägten Anschaulichkeit für große Anlagen. Auf ähnliche Weise macht Cupido (gegenüber) – obgleich weder astronomisch noch astrologisch bestimmt – Mystisches gegenwärtig; nach der Mythologie erstreckte sich sein Einfluß auf Himmel, Meer und Erde.

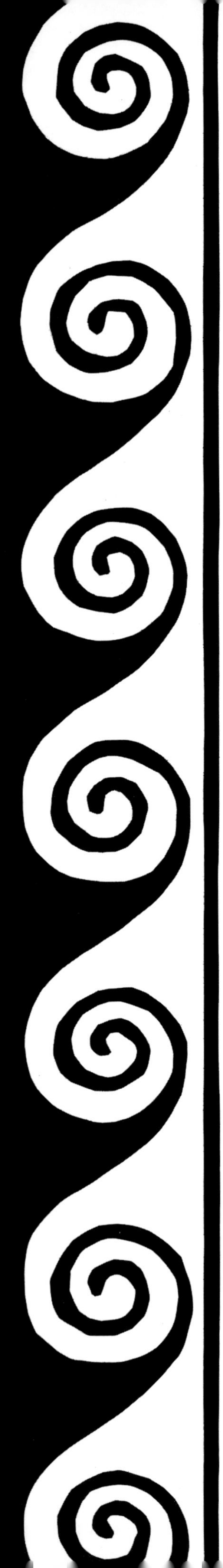

Meeressujets haben ihren Ort gewöhnlich im Badezimmer (s. S. 63 und 71–77), sind aber auch anderswo vielseitig einsetzbar.

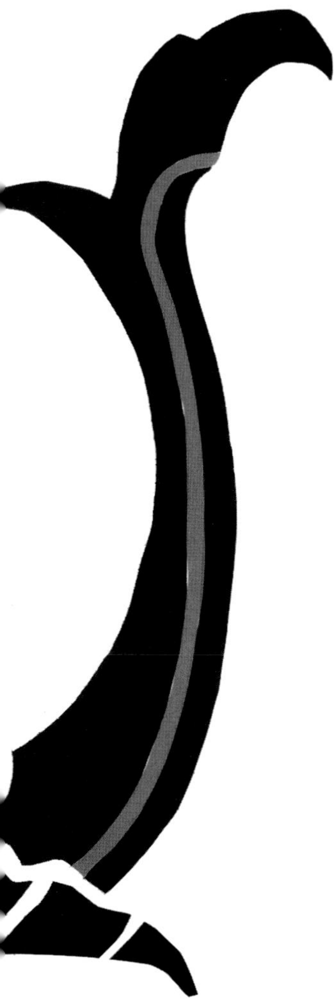

Verschiedene Meeresmotive, selbst in kleiner Anzahl in einem Badezimmer angeordnet, vermögen das Vergnügen an Sand, See und Sonne heraufzubeschwören. Besonders wirkungsvoll sind sie auch auf Schachteln und anderen kleinen Gegenständen (s. S. 46–49).

Glossar

Acrylfarbe: Eine wasserlösliche Farbe, die zum Färben von (Fugen-)Mörtel verwendet werden kann.

Aufrauhen: Um den Mosaiksteinchen auf glatter Unterlage besseren Halt zu verschaffen, wird diese mittels eines scharfen Werkzeugs – häufig wird eine Säge dazu verwendet – aufgerauht.

Bandsäge: Eine elektrische Säge, die sich für verhältnismäßig komplizierte Schneidvorgänge eignet.

»Benagen«: Mit Hilfe der Mosaikzange »nagt« man so lange winzige Teilchen von den Mosaiksteinchen ab, bis diese genau die gewünschte Gestalt haben.

Direkte Methode: Eine der elementaren und allgemein verbreiteten Techniken für das Verlegen von Mosaiksteinchen, die zugeschnitten und mit der Vorderseite nach oben direkt auf die Unterlage geklebt werden. Die nach dieser Methode gefertigte Mosaikfläche ist nicht immer glatt; bei der Auswahl der Mosaiksteinchen ist man hinsichtlich Gestalt und Struktur sehr frei (s. S. 16–17).

Emblemata: In römischer Zeit als Blickpunkte in Bodenanlagen eingelassene Platten mit komplizierten, gegenständlichen Motiven.

Epoxydharz: Mittels dieses außerordentlich starken Klebstoffs befestigt man Glas und Keramik auf Metall. Vor Gebrauch muß dem Harz zur chemischen Aktivierung der Haftwirkung ein Härter beigemischt werden.

Fugenmörtel: Ein Zementmörtel.

»Geriffelte Gold- und Silber-Smalten«: Glasmosaiksteinchen aus einer dicken und einer dünnen, unregelmäßigen Schicht farblosen Glases, die dünnes Blattgold oder -silber einschließen.

Gummiarabikum: Ein wasserlösliches Bindemittel, mit dem Mosaiksteinchen provisorisch auf Papier geklebt werden können; findet häufig bei der Verfertigung von Mosaiken nach der indirekten Methode (s. S. 18–19) Anwendung und läßt sich gut durch Tapetenkleister ersetzen.

Hammer und Block mit »Dorn«: Gemeinsam zum Schlagen von Mosaiksteinchen verwendete Werkzeuge. Ein Steinchen, das zugeschnitten werden soll, wird auf das Umschlageisen (den »Dorn«) gelegt, welches ein kleiner Metallblock ist, dessen Grat normalerweise mit Wolframcarbid verstärkt und in einen Holzklotz eingelassen ist. Der große, sichelförmige Hammer wird direkt auf das Mosaiksteinchen niedergebracht und spaltet dieses in zwei Teile.

Indirekte Methode: Eine Mosaik-Legetechnik, die häufig bei großformatigen Arbeiten, die im Freien stehen sollen, angewandt wird (s. S. 18–19). Die Mosaiksteinchen werden mittels eines Klebstoffs auf Wasserbasis – zumeist Gummiarabikum oder Tapetenkleister – mit der Vorderseite nach unten provisorisch auf Papier geklebt. Gegebenenfalls kann das Mosaik dann im Ganzen oder abschnittweise auf sein endgültiges Trägermaterial mit dem Papier nach oben gesetzt werden. Durch Abziehen des Papiers wird das vollendete Werk dann freigelegt. Die so entstandene Fläche ist normalerweise glatt und bestens verfugt.

Industriemosaik: Fertigmosaiksteinchen aus opakem Glas mit abgeschrägter Unterseite zur Verbesserung der Haftung. Es ist nicht in so großer Farbenvielfalt erhältlich wie die Smalten, dafür aber ziemlich billig und sehr haltbar.

Keramik-Mosaiksteinchen sind gewöhnlich die billigsten aller verfügbaren Mosaiksteinchen; sie lassen sich aus einer breiten Auswahl von glasierten und unglasierten Keramik-

materialien, wie etwa Haushaltskacheln und zerbrochenem Geschirr, gestalten.

Latexadditiv wird Klebstoffen auf Zementbasis zugegeben, um ihnen Elastizität zu vermitteln.

Marmormastix: Ein Klebstoff, der Marmor auf den meisten Oberflächen haften läßt.

Mosaikstreifen oder -bänder sind vorgefertigt auf Nylon- oder Fiberglasstreifen erhältlich und in dieser Form ideal für großformatige oder solche Arbeiten geeignet, in denen Muster sich wiederholen.

Mosaikzange: Ein Werkzeug zum Brechen von Glas- und Keramik-Mosaiksteinchen, dessen Spitze zwecks Erhöhung der Festigkeit normalerweise mit Wolframcarbid verstärkt ist und sich deshalb vorzüglich eignet Mosaiksteinchen die gewünschte Form zu geben.

Opus tessellatum: Eine römische Mosaiktechnik, bei der ebenmäßige, quadratische Mosaiksteinchen geradlinig angeordnet werden (s. S. 20–21). Das auf diese Weise zustandegekommene Muster wurde am häufigsten zum Füllen der Hintergrundflächen verwendet.

Opus vermiculatum: Eine römische Mosaiktechnik, bei der die Steinchen reihenweise rund um das Hauptmotiv des Mosaiks gelegt werden, wodurch eine Nimben-Wirkung erzielt und die Kontur der Zeichnung betont werden soll (s. S. 20–21).

PVA: Polyvinylacetat – ein Klebstoff, mit dem Glas oder Keramik auf Holz, Faser- oder Sperrholz geklebt wird.

Schnittmusterpapier: Schneiderpapier, das bei der indirekten Methode (s. S. 18–19) Verwendung findet. Es kann durch Umbruch- oder Packpapier ersetzt werden.

Silbersand kann dem Fugenmörtel zwecks Farbveränderung beigegeben werden.

Silikon-Dichtungsmittel wird verwendet, um Keramik auf Glas und die meisten anderen Oberflächen zu kleben.

Smalten: Traditionelle, in Italien hergestellte Mosaiksteinchen, die entweder als große »Kuchen« gekauft und sodann mittels Hammer und Umschlageisen zugeschnitten oder zu ein wenig unregelmäßigen, rechteckigen Stückchen vorgefertigt gekauft werden können.

Tempera: Eine Wasserfarbe, die zum Färben von Fugenmörtel verwendet werden kann.

Unterlage: Das Material der Mosaik-Unterlage ist je nach Standort und Umfang der Arbeit sowie der zu verwendenden Mosaiksteinchen auszuwählen (s. S. 14). Beliebt sind MDF- oder Sperrholzplatten, Holz und Zement.

Wasserbeständiger Zement-Fliesenkleber: Klebstoff, der Keramik und Glas an Metall oder Beton bindet; besonders für den Gebrauch im Freien geeignet.

Zahnspachtel: Eine rechteckige Kelle mit glatter Oberfläche und einer gezahnten Kante, die bei der Mosaikarbeit zum Planieren und Strukturieren des Zements verwendet wird.

Zement findet sowohl als Unterlage wie als Klebemittel Verwendung, das die Mosaiksteinchen an eine andere Unterlage bindet. Wegen seiner Haltbarkeit eignet er sich gut für Außenanlagen (s. S. 14).

Zementfarbe wird zur Färbung von Zement verwendet.

Zement-Fliesenkleber klebt Keramik und Glas an Holz, Kunststoff und andere Materialien.

Dank

an alle Künstler, die zu den Projekten beigetragen haben:

Candace Bahouth (S. 40, 80–81, 84, 108–111)
Ebenezer Chapel, Pilton,
Somerset BA4 4BR

Emma Biggs (S. 28, 42–43)
The Mosaic Workshop, Unit B,
443-9 Holloway Road,
London N7 6LJ

Zoë Candlin (S. 29, 32–37)
After Noah, 121 Upper Street,
London N1 1QP

Martin Cheek (S. 16–17, 18–19, 20, 76–77, 98–99)
53 Pursers Cross Road,
London SW6

Ray Halsall (S. 50–51, 52–53)
14b Cressida Road,
London N19

Maggy Howarth (S. 87, 90–93)
Cobblestone Designs, Hilltop,
Wennington, Lancaster LA2 8NY

Tessa Hunkin (S. 54–55, 74–75)
The Mosaic Workshop, Unit B,
443-9 Holloway Road,
London N7 6LJ

Cleo Mussi (S. 24–25, 67, 68–69, 86, 96–97, 102–103, 105)
Unit 72, Top Floor, Abbey Business
Centre, 15–17 Ingate Place,
London SW8

Paris Ceramics (S. 62, 64–65)
583 King's Road,
London SW6

Stephen Windsor Clive (S. 46–49, 94–95)
Real Mosaic, 51 Aldensley Road,
London W6 0DJ

Händlerverzeichnis

Postleitzahlbereich 0:

Raab Karcher
Sanitär Heizung Fliesen GmbH
Scharfenberger Straße
01139 Dresden (weitere Händler in Chemnitz, Cottbus, Dessau, Gera, Grünstädtel, Halle, Jena, Leipzig, Sangerhausen und Zwickau)

Fliesen-Zentrum-Leipzig
Bornaer Straße
04442 Zwenkau

Postleitzahlbereich 1:

Atala GmbH & Co.
Fliesenhandel KG
Saalestr. 5–6
12055 Berlin

Raab Karcher
Sanitär Heizung Fliesen GmbH
Teilestr. 9–10
12099 Berlin (auch in Eberswalde, Frankfurt/Oder, Potsdam, Rostock, Schwerin und Stralsund)

Fliesen-Zentrum-Berlin GmbH
An der B 101
14979 Großbeeren

Postleitzahlbereich 2:

Georg Schreiber GmbH & Co. KG
Mühlenfeldstr. 38
28355 Bremen

Croonen KG GmbH & Co.
Fliesenfachhandlung
Gasstr. 23
22761 Hamburg

Jürgen Voss
Weidenbaumsweg 65–69
21035 Hamburg

Platten Rabe
Fliesenfachhandlung
Deliusstr. 11–23
24114 Kiel

Fliesen Bollmann GmbH & Co.
Rapsacker 17
23556 Lübeck

August Cassens GmbH & Co. KG
Fliesenfachhandlung
Bremer Heerstr. 460
26135 Oldenburg

Zuhr & Köllner GmbH
Fliesenfachhandlung
Kuhweidenweg 7
21684 Stade

Albert Leymann GmbH & Co.
Fliesenfachhandlung
Nienburger Str. 105–133
27232 Sulingen

Postleitzahlbereich 3:

Hermann Bach GmbH & Co. KG
Fliesenfachhandel
Bahnhofstr. 23
37691 Boffzen

Jean Dern & Co. GmbH
Fliesenfachhandlung
Karl-Benz-Str. 3
35398 Gießen

Stone Esthetic
Burgstr. 22–23
37073 Göttingen

Fliesen Cussler
Rotermundstr. 22
30165 Hannover

Ries Ceramic GmbH
Fliesenfachhandlung
An der B 40
36396 Steinau

Postleitzahlbereich 4:

Rudersdorf GmbH & Co. KG
Fliesenfachhandlung
Vogelsangerweg 103
40470 Düsseldorf

Overesch & Co. KG
Fliesenfachhandlung
Heerstr. 93
44653 Herne

J. & H. Fahling GmbH
Fliesenfachhandlung
Dinklager Str. 15
49393 Lohne

Klemm & Co. KG
Fliesenfachhandlung
Friedensstr. 85–87
41238 Mönchengladbach

Platten Peter
Fliesenzentrum Nord
Albrecht-Thaer-Str. 18
48147 Münster

Heinrich Glahe KG
Fliesenfachhandlung
Friedrich-Ebert-Straße
48529 Nordhorn

Der Baustoff Mann
Fliesenfachhandlung
Bottroper Str. 5–13
46117 Oberhausen

H. Sommer GmbH & Co. KG
Fliesenfachhandlung
Beethovenstr. 265
42655 Solingen

Karl Glaudo GmbH & Co. KG
Fliesenfachhandlung
Hatzfelder Str. 93
42281 Wuppertal

Postleitzahlbereich 5:

Art Murales GmbH
Triererstraße 668
52078 Aachen

J.N. Köbig
Fliesenfachhandlung
Industriestr. 54
55232 Alzey

Bernhard Schmidt GmbH & Co. KG
Fliesenfachhandlung
Frankenforster Str. 27–29
51427 Bergisch Gladbach

Peter Pung
Fliesenfachhandlung
Provinzialstr. 12
53127 Bonn

BeauTech GmbH
Haus am Elfgen
51399 Burscheid

Gottfried Hollands GmbH
Fliesenfachhandlung
Weberstr. 2
52134 Herzogenrath

F.A. Leysser Nachf.
Fliesenfachhandlung
Otto-Decker-Str. 7
55743 Idar-Oberstein

Fliesen Zentrum Trier GmbH & Co.
An der BAB 602
54344 Kenn

J.N. Köbig GmbH
Fliesenfachhandlung
Friedrich-Mohr-Str. 11
56070 Koblenz

Jakob Menningen II
Fliesenfachhandlung
Industriegebiet
56235 Ransbach-Baumbach

Fliesenhandel GmbH
Fliesenfachhandlung
Blücherstr. 81
58332 Schwelm

Fliesen und Natursteine Schmidt
Marienhütte 35
57080 Siegen

Peter Görg X
Fliesenfachhandlung
Bunzlauer Str. 4
56427 Siershahn

Postleitzahlbereich 6:

Tobias Schmelz
Maximilianstraße 2 A
63739 Aschaffenburg

Plasanit KG
Fliesenfachhandlung
Dieselstr. 3a
66763 Dillingen

H. + H. Heil KG
Fliesenfachhandel
Maybachstr. 22
63303 Dreieich

Marbo Fliesenhandel
GmbH & Co. KG
Philipp-Helfmann-Str. 12
65760 Eschborn

Conrad Hildebrand
Fliesenfachhandlung
Mainzer Landstr. 229
60326 Frankfurt/Main

Fliesenstudio Hoyer GmbH
Schloßstraße 83
60486 Frankfurt/Main

Gebr. Frei
Fliesenfachhandlung
Hanauer Landstr. 46–54
63457 Hanau

Fliesenhandel Merzig GmbH
Gewerbegebiet Siebend
66663 Merzig

Platten Wolf
Fliesenfachhandlung
Ferdinand-Porsche-Straße
63073 Offenbach

Hotter GmbH
Fliesenfachhandel
Hagenauer Str. 29
65203 Wiesbaden

Postleitzahlbereich 7:

Herrmann GmbH & Co. KG
Christophstr. 7
72458 Albstadt

E. Wertheimer GmbH
Schwarzwaldstr. 47
76532 Baden-Baden

Kemmler-Baustoffe GmbH
Fliesenfachhandlung
Rudolf-Diesel-Str. 2
78166 Donaueschingen

Götz & Moriz GmbH & Co.
Fliesenfachhandlung
Basler Landstr. 28
79111 Freiburg

H.-E. Löffelhardt GmbH & Co. KG
Fliesenfachhandlung
Etzelstr. 1–25
74076 Heilbronn (und Karlsruhe)

Johner & Hoch GmbH
Fliesenfachhandlung
Schützenstr. 21
74072 Heilbronn

Baustoff Sauter GmbH
Max-Stromeyer-Straße 146
78429 Konstanz

Baustoff-Kaufmann GmbH
Fliesenfachhandlung
Heinrich-Hertz-Str. 9
77656 Offenburg

Franz X. Ruch GmbH & Co.
Fliesenfachhandlung
Industriestr. 13–15
78224 Singen

K. Körner GmbH
Ossietzkystraße 4
70174 Stuttgart

H. Konz GmbH & Co.
Schüttelgrabenring 14
71332 Waiblingen

Postleitzahlbereich 8:

Bauwaren Mahler GmbH & Co.
Fliesenfachhandlung
Gögginger Str. 13 a
86159 Augsburg

Gebr. Stark KG
Fliesenfachhandlung
Poststr. 26
88326 Aulendorf

Hans Frank
Fliesenfachhandlung
Bruckmühler Str. 27
83052 Bruckmühl

Marbo Fliesenhandel GmbH & Co. KG
Emeranstr. 55
85622 Feldkirchen

Hermann Mayer oHG
Siemensstr. 1
85055 Ingolstadt

Die Fliese
Münchner Straße 3
85737 Ismaning

Bayrischer Fliesenhandel GmbH
Landsberger Str. 209
80687 München

Italdecor Fliesenhandel
Neufahrner Str. 1
85375 Neufahrn

Th. Wölpert GmbH & Co. KG
Finninger Str. 61
89231 Neu-Ulm

Postleitzahlbereich: 9

Overesch
Fliesenfachhandlung
An der Weiße 3
99310 Arnstadt

Hans Schneider & Co.
Fliesen GmbH
Am Nordostbahnhof 21
90491 Nürnberg

H. Christ GmbH & Co. KG
Hamburger Str. 32
90451 Nürnberg

Pöhlmann-Fliesen
Saalestr. 4
95145 Oberkotzau

Peter Kasberger Baustoffe GmbH
Fliesenfachhandlung
Haitzinger Str. 40
94032 Passau

F. X. Gerner
Fliesenfachhandlung
Hemauerstr. 20a
93047 Regensburg

Platten-Steger GmbH
Carl-Benz-Str. 3
97424 Schweinfurt

Österreich:

Fa. Eduard Vanasek
Fliesenfachgeschäft
Scherffenberggasse 5
A-1180 Wien

Bildnachweis

S. 2 Marie Claire Idées (Hussenot/Chastres/Lancrenon); S. 3 Jean-François Jaussaud; S. 7 Clive Nichols (Design Daniel Pearson, Töpfe Cleo Mussi); S. 8 l. Archiv f. Kunst u. Geschichte, Berlin, S. 8 M. Agence Top (Rosine Mazin); S. 9 Archiv f. Kunst u. Geschichte, Berlin; S. 10 l. Ancient Art & Architecture Collection; S. 10 r. J.P. Godeaut; S. 11 Archipress (Luc Boegly); S. 21 l. Ancient Art & Architecture Collection; S. 21 u.r. C.M. Dixon; S. 21 o.r. E.T. Archive; S. 22–23 Lanny Provo (Design Deborah Yates); S. 24–25 Marie Claire Idées (Hussenot); S. 24 Cleo Mussi; S. 26 Rebecca Newnham; S. 27 Design Heather Burrell (Foto John Glover); S. 28 l. Christian Sarramon; S. 30 Lanny Provo (Design Deborah Yates/Raymond Jungles); S. 38–39 Rebecca Newnham; S. 40 M. Marie Claire Maison (Chabaneix/Chabaneix); S. 44 Rebecca Newnham; S. 45 Peter Bailey Company (Foto Jan Baldwin); S. 51 Jacqui Hurst (Design Julie Arkell); S. 56–57 Stylograph (Morin/Côté Sud); S. 58 C. David Livingston (Design Bauer Louann); S. 59 Esto (Foto Scott Frances); S. 60 l. Henry Bourne; S. 60 r. Christian Sarramon; S. 62 r. Paris Ceramics; S. 63 Vogue Living (Baddesign Alice Whish); S. 66 r. Tim Goffe (Design Peter Cocks); S. 66 l. Trevor Richards; S. 67 l. Paris Ceramics; S. 67 o.r. IPC Magazines Ltd/Robert Harding Syndication (Rapid Eye); S. 67 u.r. Vogue Living; S. 70 J.P. Godeaut (Design Martin Lionel Dupont); S. 71 Belle Magazine (Foto Simon Kanny); S. 72 Australian House & Garden Design Series Magazine (Foto Russell Brooks); S. 72 r. Belle Magazine (Foto Peter Rad); S. 73 Marie Claire Maison (Chabaneix); S. 78–79 Gross and Daley; S. 78 Marie Claire Idées (Hussenot); S. 80–81 The Garden Picture Library (Foto J.S. Sira, Design Daniel Pearson); S. 82–83 Lanny Provo (Design Barbara Hulenicki/Carlos Alvarez); S. 84 l. James Merrell; S. 85, 86 l. Nadia Mackenzie; S. 86 r. Cleo Mussi; S. 86–87 World of Interiors (Foto Philip Sayer); S. 88–89 Vincent Motte; S. 88 Stylograph (Millet); S. 89 Stylograph (Touillon/Côté Sud); S. 94 Deidi von Schaewen; S. 100 Marie Claire Idées (Maltaverne/Faver); S. 101 Lanny Provo (Design Deborah Yates/Raymond Jungles); S. 104 Nadia Mackenzie; S. 104–105 Cleo Mussi; S. 105 Garden Picture Library (Foto J.S. Sira, Design Daniel Pearson); S. 106 J.P. Godeaut (Design Martin Lionel Dupont); S. 107 Lisl Dennis (aus »Morocco«, mit freundl. Genehmigung von Clarkson N. Potter).